비 오는 날의 산책

비 오는 날의 산책

강영옥 수필집

세종출판사

책을 내면서

연륜이 쌓이고 시간이 한가하면 좋은 글을 쓸 수 있을 것이라는 기대는 착각이었다.

사물에 대한 깊은 애정과 끊임없는 성찰을 하지 못한 아쉬움이 남는다.

여든의 나이가 가까워 오는데 부족하지만 인생의 편린들을 거두어 두 번째의 수필집으로 내 보낸다.

우리 가족을 두고 먼 길 떠나신 남편 김수견 님 늘 성원해 준 우리 형제님들, 아들, 딸에게도 고마움을 전합니다.

2024 가을에

차례

제1부
걸어서 행복한 하루

걸어서 행복한 하루 13

봄나들이 21

노송이식老松移植 28

김치 이야기 36

대만 기행 43

제2부

5월의 어떤 갠 날

5월의 어떤 갠 날 53

숲에서 59

조계산의 봄 63

어머니의 애장품 71

장수의 비결 78

제3부
비 오는 날의 산책

비 오는 날의 산책 89

사람이 되고 싶다 96

히로시마의 눈물 102

등燈 109

병풍屛風 이야기 114

제4부
영화 이야기

영화 이야기	123
바보 행진	130
한가위	137
단풍놀이	144
하모니카 교실	152
인도여행에서 생긴 일	160

제5부
아름다운 모정

아름다운 모정 171

12월 어느 하루 178

열차 안에서 183

그 겨울의 결혼식 189

한 해의 마무리 192

제1부

걸어서 행복한 하루

걸어서 행복한 하루 / 봄나들이 /
노송이식老松移植 / 김치 이야기 / 대만 기행

걸어서 행복한 하루

계절의 여왕 5월도 마지막 휴일, 걷기대회가 있다는 보도에 마음 들뜬다.

'바다사랑 한마음' 이라는 이름으로 부산항 축제라니 떠나려는 봄날에 더없이 좋은 기회다.

늘 바쁜 일상에 쫓겨 시간 내는 것이 힘들었던 딸이 함께 참석하자는 제안에 천군만마를 얻은 듯 기쁘고 반갑다.

전국해양산업총연합회에서 주관하는 행사인데 우리나라 연간 대외교역량 10억톤 99,7%가 해상으로 운송

되므로 해양산업이 한국경제를 이끌어 간다고 하니 바다는 우리 부산의 동력이요 무한한 자원이다.

태종대 공원 입구에는 벌써 많은 인파들이 축하공연에 이어 출발을 기다리고 있었다. 부산의 아름다운 절경, 태종대를 일주하는데 걸어서 2시간 30분이 소요되는 코스라니 벌써부터 기분이 상기되었다. 물병과 기념품 교환권, 완주 체크포인트를 날인하는 접수증을 받아들고 종점인 해양대학교 입구 해안데크를 향해 6.4km의 걷기가 시작되었다.

나이든 부부, 유모차에 아기를 태우고 나온 젊은 부부, 손주들까지 이끌고 온 대가족이며 또래의 친구들이 삼삼오오 많이도 어울려 걸어간다.

햇살이 제법 강렬한데 걷는 길옆의 울창한 수목들과 바닷바람의 청량함이 더없이 발걸음을 가볍게 해준다. 왼쪽 벼랑으로 갖가지 꽃들이 반겨주고 동백나무 신록들이 반짝거리는 그 너머에 넘실대는 푸른 바다와 함께 걷는 길.

부딪히며 걷던 인파들이 조금씩 간격이 흩어지고 탄력을 받은 우리는 속도를 내어 본다. 그 동안 나누지 못한 대화도 하며 손잡고 힘차게 걸어가는 우리는 싱그러운 풍경 속으로 빠져들었다. 전망대, 모자 상을 지난다. 이렇게 맑은 날은 어슴푸레 대마도가 보이고 오륙 도가 가깝게 보이는 곳이다. 예전에는 가끔 감지해변을 산책하기도 하고 반대편의 등산로를 통해 태종사로 내려오기도 했지만 순환도로를 종점까지 걸어서 가는 일은 처음 있는 일이다. 물빛이 고운 바다, 절벽 아래로 의연하게 지키고 서 있는 등대를 바라보다 문득 예전의 일이 떠올랐다. 돌아보니 30 여 년 전 일이다.

서울에 사는 막내 여동생이 결혼식을 마치고 신혼여행 갔다가 부산의 우리 집에 들렀다. 이 무렵이었다고 생각되는데 그 때만해도 태종대 순환도로를 자동차로 드라이빙 할 수 있었기에 택시를 대기시켜 놓고 우리는 함께 등대 쪽으로 내려가 신선바위에 앉아 바닷바람을 쐬고 올라왔다. 충분한 요금을 약속한 터라 등대를 돌고 올 때까지 기다려 주기로 한 택시가 난데없이 사라져 버렸다. 우리 모두 차 번호하나 알고 있는 사람없이 어떻게 할 수가 없는 상황, 택시 트렁크에는 신혼여행 가방이며 시댁 어른들의 선물까지 들어있고 부산의 건어물도 따로 챙겨 싣고 있었다. 모두들 방법을 몰라 쩔쩔매고 발만 동동 구르는데 손님을 기다리고 있던 다른 택시 기사들은 고개만 갸우뚱 하고 있었다.

얼마를 지났을까 망연자실 넋을 놓고 있을 때였다. 멀리서 그 택시가 급하게 우리 곁으로 달려왔다. 반가움에 영문을 물어볼 겨를도 없이 차에 올랐다. 잠시 차를 손보고 오느라고 조금 늦었다고 했는데 그 사이 다른 손님을 부려 놓고 왔는지 이유가 무엇이든 마냥 반갑고 다행한 일이어서 일체의 원망이나 대꾸도 하지 못했다. 의심도 않고 서로 간에 믿고 무심하게 미리 대처를 못한 교훈을 얻었으니 큰 경험을 했던 이제는 추억이 된 장소가 되었다.

지금은 다누비 꼬마열차가 관광객을 실어 나르는데 휴일의 매표소는 줄을 잇고 기다리는 모습은 태종대가 우리부산의 손꼽히는 명소라는 걸 한 눈에 보여준다.

가파른 산길을 오를 때 힘든 만큼의 보람이나 매력도 있지만 일상에서 할 수 있는 유산소 운동으로 걷기는 아주 좋은 운동이다.

몇 해 전만 해도 지리산 천왕봉 등산을 하고 왔는데

이제는 험한 산길이나 이동거리가 먼 곳은 힘이 든다. 무리하지 않고 지속적으로 우리 생활 속에서 할 수 있는 운동이며 비용이 들지 않는 생산성이라니 기를 쓰고 걷기 예찬을 하게 되는데 어쩌면 줄어든 체력을 합리화하기 위한 방편인지 모른다. 자연이 주는 계절의 향연을 마음껏 누리면서 유유자적한 마음으로 내딛는 발걸음이 참으로 경쾌하다.

일이 많고 생활이 바쁠 때는 잠시라도 빠른 교통수단으로 해결해야만 했으나 이제는 웬만한 거리는 걸어야 한다는 작심을 실행하려고 애를 쓰고 있다.

필요해서 취득했지만 장롱운전면허증이 된지 오래되었다. 변명으로 들릴지 모르지만 자동차 없이 사는 것도 나를 걷게 하는데 일조를 한다는 생각이 든다.

우리 인간의 신체구조는 직립식으로 되어 있어 걸으면 살고 누워 있으면 죽는다고 하니 건강을 지키려면 걷기 운동을 일상으로 실천해야 하는 현대인들이다.

전국적으로 걷기 열풍에 힘을 실어주는 아름다운 길 코스는 헤일 수 없을 정도다. 각 고장마다 지자체에서 각양각색의 둘레길이 생기고 우리 부산은 갈맷길을 비

롯해서 걷기 좋은 길이 많이 있다. 숲과 바다가 어우러진 아름다운 자연에 배치된 길이 많아서 동행이 좋으면 더 신나게 즐기며 걸을 수 있다. 개방 된지 얼마 되지 않은 법기수원지며, 오륜대도 걷는데 아주 좋은 환경으로 조성 되었고 우리 사하에서는 몰운대가 떠오르는 코스다. 얼마 전에 나무 테크로 산책로를 더욱 확충해서 힘들지 않고 갈대숲이 더 넓게 조성되면 흡사 순천만을 연상케 하는데 일몰 때의 풍광은 더 아름답다.

나는 걸어서 돌아보는 을숙도를 좋아한다. 에코센터에서 출발하여 탐조 대 까지 가는 2km의 길은 강을 끼고 쭉 뻗어 난 직선인데 빨리 걷기에 아주 편한 길이다.

소통하는 사람들과 함께 해도 좋지만 혼자 강물과 함께 사색할 수 있는 호젓한 길을 걸어 보면 하루가 또 소중하고 행복하다. 철새들이 많이 찾아오는 겨울철에 찾아가면 많은 생명들과 교감할 수 있고 자연의 신비를 체험할 수 있어 다른 곳에서 느낄 수 없는 멋이 있다.

과격한 운동처럼 큰 효과가 없을지 모르지만 많이 걸어서 피곤할 수는 있어도 위험하거나 별다른 장비

없이도 생활저변에서 즐길 수 있는 걷기, 잠이 잘 오고 기분이 상쾌하며 밥맛 또한 좋아진다.

그러나 시간이 여유 있는 사람에게 해당되는 이론을 한창 경제활동으로 바쁜 젊은이들에게 걸어서 다녀라는 강요는 쓸모없는 잔소리에 불과하지만 편리에 너무 익숙해진 현대에 살고 있는 오늘날 더 필요하다.

오늘처럼 여러 단체에서 시민들의 걷기대회를 자주 개최한다면 자동차를 세워두고 맑은 공기와 새소리, 파도소리에 쌓였던 피로와 스트레스를 날려 버린다면 건강한 생활을 이끌어 더 큰 부가가치로 생산성을 높이지 않을까.

외지에서 온 손님들과 가끔 태종대를 찾는데 지난해에는 처음 유람선을 타고 해안 절경도 구경하고 자갈마당에서 펼쳐지는 갓 잡은 해산물 파티는 바다와 함께 오래 기억된다는 인사를 들었다.

우리의 인생길에도 이처럼 잘 닦아 포장이 된 순탄한 길만 있는 것은 아니다. 때로는 수렁도 만나고 앞이 보이지 않는 낭떠러지 절벽과 마주칠 때도, 굽이굽이 넘어야할 고개가 있는 것도 여정이다. 그러나 이 세상

어딘가에 또 다른 길은 열려 있고, 그 길을 찾아서 걸어야 하며 누구도 대신해서 걸어 줄 수 없으므로 역경을 딛고 성공한 사람들에게 우리들은 더 감동하고 존경심을 갖게 된다.

날씨도 화창하여 걷기대회에 참석한 시민들은 봄의 절정에서 신록과 푸른 바다의 기운에 충전되어 더 힘찬 발걸음으로 내일을 시작하리라 기대가 된다.

빨리 도착해서 해양박물관 관람을 하고 싶은 계획은 너무 많은 인파에 밀려 무산되었지만 경품행사를 마치고 완주선물과 직행버스로 부산역 까지 전송해주는 친절한 배려에 고마운 찬사를 보내고 싶다. 그리고 딸과 함께 아름다운 길을 걸어서 땀 흘린 하루가 행복했다고.

봄나들이

봄이 무르익는 계절의 여왕 5월, 조부모님 슬하의 내외종 형제들이 봄나들이에 나섰다.

제각각 다른 지방에서 살고 있는 가족들이 고향에서 펼쳐지는 황매산 철쭉제에 맞춰 함께 모였다. 합천읍에서 터전을 잡고 사는 형제의 집에서 하룻밤을 묵고 새벽에 어둠을 뚫고 황매산을 향해 달렸다. 늦은 아침이 되면 차량 진입이 안 되기 때문이다. 진입로에는 차량통제를 위해 어느새 초소에서 밤을 새우며 지키고 서 있는 사람을 보니 전국에서 몰려오는 관광객이 많은 축제라는 사실이 새삼 확인 되었다. 황매산의 진면목이 알려진 후에 몇 번 다녀왔지만 철쭉제 군락지 까지 차량으로 이동하기는 처음 있는 일이다.

영암사지를 거쳐 모산재로 향하는 등산로를 따라 오르는 코스는 아기자기한 풍광에 기암괴석을 타기도 하고 로프를 잡고 오르는 스릴도 느끼며 철쭉제를 즐기던 때가 벌써 많은 시간이 흘렀다. 더 오래전에는 황매산의 하봉 중봉 상봉의 정상을 거쳐 완주까지 하면서 타는 목을 축일 물까지 떨어져 고생을 많이 한 추억이 있는 고향의 산이다. 이제는 산봉우리를 오르는 바위에 철 계단을 설치해 등산로의 안전에 많은 시설이 되어 있고 길을 못 찾아 헤매던 때는 옛 이야기며 많은 등산객들로 산길이 반질반질 잘 닦여졌다고 하니 산천도 나날이 변천하는 유명세에 몸살을 앓고 있는지 모른다.

우리가 도착한 시간이 새벽 4시, 일찍 나섰다고 생각했는데 주차공간이 모자랄 정도로 빼곡히 들어찬 자동차를 보고 놀라지 않을 수 없었다. 어느새 몰려 왔는지 산등성이 너른 평원에 철쭉이 펼쳐놓은 꽃 덤불 속에서 일출을 향해 카메라 장착을 해 놓고 운집해 서 있는 사진작가들, 산 위에서 보는 새벽의 진풍경이다. 산의 찬 공기에 바람결이 매운데 미동도 않고 좋은 예술작의 포착을 위해 지키고 서 있는 군상들을 보면서 자연이 베푸는 봄꽃의 향연에 마냥 찬사를 보낼 뿐이었다.

축제기간의 때를 맞추어 갔으니 드넓은 산자락 끝없이 펼쳐내는 평원의 꽃무리, 환호에 연신 감탄을 자아내는데 과연 전국에서 으뜸가는 철쭉의 고장임을 실감하기도 했다. 개화시기를 맞추어 뭉친 우리가족들은 진분홍의 철쭉꽃 숲속에서 마냥 황홀경에 빠져 들었다. 철쭉군락지의 중심에 우뚝 선 철쭉제단에는 제례를 기념하는 오색의 깃발이 나부끼고 몰려든 사람들은 저마다 꽃 숲에서 각양각색 포즈에 행복한 비명이라도 터질 것 같은 산의 울림이 느껴지는 오묘한 정기, 청순해진 마음에 꽃물이 들고 이른 새벽부터 바람이 찬 꽃길을 걷느라 출출해진 우리 일행들은 부녀회에서 정성껏 장만한 소고기 국밥에 속을 따뜻하게 데우고 일어서는데 기다렸던 일출은 구름이라는 훼방꾼 때문에 기대했던 그림은 내려놓았지만 한껏 상기된 기분으로 철

쪽꽃과 작별을 고했다.

새벽 일찍 서둘러 바쁘게 움직이고 보니 하루의 시간이 여유로워 처음으로 악견산 자락에 잠들고 계시는 고모님 댁 산소에도 찾아갔다. 지천으로 피어 풀어내는 아카시아 향기에 취해 풀꽃을 따 들고 유년으로 돌아가 화창한 봄날의 동심에서 한나절을 즐겼다. 우리 본가의 산소에도 성묘를 마쳤는데 그래도 오전 시간이 남으니 일찍 일어나는 새가 먹이를 많이 먹는다고 하더니 하루해가 길고 길다는 말을 절감하는 하루였다.

해마다 벌초 때는 고향을 다녀오지만 밀리는 교통체증에 옆 돌아볼 경황이 없이 귀갓길에 오르기에 바쁜데 고향선산의 지척에 보기 드문 '황계폭포'가 있다. 아늑한 골짜기 안, 숨은 듯 그 자리를 의연하게 지키고 있는 폭포, 쏟아지는 물줄기는 예전과 다름이 없는데 진입로부터 데크로 단장하고 고담한 정자까지 갖추었으니 다른 명소에 온 기분이 들었다고 할까. 쏟아지는 직소폭포의 아름다움을 마주하니 예전에 느끼지 못했던 비경을 보여주는 특별한 감동이 일어났다. 바로 지척에 그처럼 아름다운 풍광을 품은 비경을 두고 먼 곳 여행에만 관심을 갖고 간과했다는 자괴감이 들기도 했다. 황계폭포와 만난 지는 어언 40년이 넘었으니 고향에 숨어있는 명소를 잊고 살아온 것이다. 안전장치와 탐방객들에 대한 배려에 많은 공을 들인 흔적을 엿볼 수 있었는데 첩첩 산골 오지였던 고향마을들이 잘 닦은 도로망이며 꽃과 신록들의 자연환경이 편리하고 아름다운 풍광을 연출하고 있었다.

일상에서 벗어나 좋은 가족들과 조상님들의 생전을 회고하며 아름다운 풍경을 함께 즐기는 하루가 소중하고 행복했다.

나가는 길에서 만나는 이주홍문학관은 고향의 긍지와 격을 높여주고 합천의 영상테마파크는 과거를 돌아보는 문화의 장으로 많은 사람들을 불러 모으는데 영화촬영에 큰 몫을 하는 새로운 관광자원이기도 하다. 최근에 새로 조성된 청와대는 흡사 청와대를 옮겨 놓은 착각을 할 만큼 비슷하게 꾸며 놓았다.

잔잔히 흐르는 황강을 끼고 일해공원의 수목들은 연두 빛 신록이 눈부시게 아름다운데 그 아래로 징검다리가 새롭게 운치를 더해 주었다. 강변을 산책하고 정자에서 쉬기도 했지만 차량으로 편리하게 이동하고 보니 오전시간이 하루 온종일 소요하는 일정보다 더 알차고 긴 시간이었다. 어느 여행지에서나 맛 기행이 큰 관심사인데 삼가면의 특산품으로 요즘 인기를 끌고 있는 한우 특식은 봄날의 관광버스 단체손님들 때문에 예약이 어려워 가까스로 한 자리 차지하게 되었으니 우리가 어렸을 때를 생각하면 격세지감을 느끼기도 했다. 그래도 고향의 특산품인 한우특식으로 마무리 했으니 이 또한 조상님의 음덕이라며 우리는 유쾌한 담소로 헤어지는 시간을 아쉬워했다.

지난해 가을에는 아버님 기일행사에 이어 성묘를 마치고 봉산면에 있는 오도산 휴양림에서 하룻밤을 보냈는데 낙엽이 소복소복 깔린 깊은 산속의 자연휴양림에서 보낸 그 시간들은 잊을 수 없는 충만한 순간들이었다. 다음 날 가까운 해인사에 들어가 눈이 시리도록 단풍의 물결에 젖어 홍류동 계곡의 물소리 들으며 소리길을 2시간 걸었는데 고향의 아름다움을 예전에 느끼지 못했던 부분까지 배가되어 가슴에 담고 보니 나이가 들긴 든 모양이라고 한목소리로 이야기하곤 한다.

저마다의 힘든 삶의 무게는 내려놓고 결속과 우애를 다지며, 살아가는 이야기도 공유하는 집안 고향나들이가 보람차고 즐거운 모임의 장으로 큰 힘이 된다는 걸 확인하는 순간이었다.

고향이란 어머니의 자궁이요 품속이다. 요즘 아이들에게 고향을 말하면 고개를 절레절레 수긍하지 않는다. 그저 조상님들 무덤만이 모아놓은 곳으로 알고 벌초하고 성묘하기 위한 불편한 곳으로 안다. 그 곳에서 태어나지도 살지도 않았으니 부모님 고향이라는 말이 일리가 있다.

윗세대가 세상 떠나신 후 산업사회에 밀려 젊은 사람들이 살지 않는 시골의 농토가 그 가치를 높이지 못하지만 토지, 흙 한줌도 소중하다. 돌아가서 살기는 어려운 현실이지만 집안 대소가 가족들이 모여 단합하고 자주 찾는다면 새로운 추억도 쌓고 고향의 문화도 가꾸어 꽃을 피우는 일은 회귀본능의 작은 보상이라도 되지 않을까 하는 생각을 해본다.

노송이식老松移植

이사를 하려고 짐 정리를 하는데 15년 살아온 흔적과 사연들이 스멀스멀 일어선다. 소중한 가족들을 떠나보낸 아픈 상실감에 힘들었던 슬픈 잔상들을 털어내고 교통이 편리하고 주거환경이 좋다는 새 아파트에 입주하게 되었다.

천여세대가 입주하는 고층아파트 단지, 그 둘레를 감싸고 있는 각양각색의 화초들과 나무들이 배치된 조경이 마음에 들었다. 남향으로 난 창밖으로 작은 배들이 떠 있는 송도 앞 바다, 밤이면 남항대교의 무지갯빛

현란한 불빛이 시시각각 연출되는 그림을 20층의 우리 거실에서 볼 수 있는 풍경이다. 형제들이나 친구들은 조망권이 좋은 집이라며 한목소리로 축하해 주는데 정작 주인인 나의 심신은 혼란스러웠다. 이사 짐 정리에 피곤한 탓이려니 생각했는데 긴장이 풀리지 않고 먹을 수도 잠을 잘 수도 없었다. 작은 소리에도 예민하고 놀라는 불안정한 나날, 내 안에서 일어나는 소용돌이를 누가 헤아려 주기는 어려웠다.

새 집에 어울리는 신형 가전제품과 가구로 꾸며준 아이들에게 민망하고 부끄러운 일이다. 젊은 시절에는 6개월 만에 이사를 가고 집을 구하는 고충이 있을 때도 경험하지 못한 일이다.

옛말에 '노송은 이식하지 마라' 는 말이 있다. 나이 일흔을 훌쩍 넘어 새 둥지에 안착하려니 익숙하지 않은 작은 불편은 있으려니 생각은 했지만 불안정한 정신적 고통까지는 예감하지 못했다. 돌이켜 보면 담담한 척 살아왔지만 가슴속에 박힌 옹이를 애써 숨기고 있었는지 모른다. 10여년이 지났지만 사별의 아픔을 뛰어 넘고 새로운 터전에서 씩씩하게 살아야 한다는 현실 앞에 섰다. 시름시름 앓고 패잔병처럼 움츠리고 있을 수가 없었다. 우선 정신을 가다듬고 몸을 추슬러야 했다.

마음을 단단히 하고 새벽 산책을 시작했다. 잠들기 위해 새벽까지 뒤척이는 시간에 사방이 잠든 고요를 깨우며 힘차게 걷고 지치도록 걸었다. 어슴푸레 사방이 고요한데 바람소리가 새벽공기를 가르며 나무숲을 흔들었다. 수많은 저 나무들은 어디에서 왔는지 저마다 이름표를 달고 대나무 막대에 서로 몸이 엮여 있으니 의지하면서 부딪치지는 말자고 속삭이는 것 같다.

가장 많은 군락으로 쭉쭉 뻗은 기상을 뽐내는 소나무들, 낯설고 새로운 토양에서 다른 냄새와 공기에 적응하며 살아보려는 안간힘이 엿보인다. 새벽공기에 상기된 기분으로 걷는 발자국이 영혼을 깨우는 새로운 에너지로 충전되는 것 같았다. 일주일이 지나고 보름이 지났다. 차츰 식사도 하고 수면에도 조금씩 변화가 있었다. 몇 개월 안정을 찾으면서 걷는 운동이 자연스레 몸에 배어버린 습관이 되었다. 걷기 운동도 중독성이 있다는 걸 깨닫게 되었다.

차츰 안정을 찾고 햇빛을 쐬면서 걷는 것이 좋을 것 같아서 오후에 걷게 되었다. 걷기 전에는 먼저 운동기구에서 몸 풀기를 하는데 엊그제 이사 왔다는 부인이 인사를 건넸다. 전에 살던 집 정리에 몇 개월 늦은 입주라고 했다. 낯가림을 많이 하는 나로서는 반갑고 고마웠다. 이사 떡을 나누며 인사 하려고 노크한 옆집 소통도 실패하여 누가 사는지도 모르는 견고한 철벽 속에 차단되어 사는 게 오늘날 아파트 문화다. 혼자 살아갈 수 없는 세상에서 좋은 이웃으로 만난다는 것은 보통 인연이 아니다. 멀리 있는 친척보다 낫다고 하여 이웃사촌이라 했는데 운동하면서 인연한 네 사람이 뭉치게 되었다. 나이도 비슷한 연배로서 아파트 내에 헬스클럽이 있지만 걷기 운동이 우리나이에 좋다는 결론을 얻었다.

근검절약하고 치열하게 살아온 어머니들, 사회에서 크게 기여하는 훌륭한 자녀들을 키워낸 자부심 강한 어머니들을 만났으니 마냥 부럽고 존경스러웠다. 본받고 배워야 할 점이 많고 무엇보다 나누고 베풀려는 따뜻한 마음이 감동으로 다가왔다.

새 터전에서 좋은 이웃사촌을 만난다는 것은 큰 축복이다. 우리는 일과를 끝낸 저녁시간에 매일 만나는데 화두는 늘 건강이다. 부지런히 걸으며 좋은 정보나 지식을 공유하는 아주 가까운 사이가 되었다. 봄이면 꽃구경도 가고 온천욕도 함께 하며 식사도 자주 하면서 정을 나눈다. 가장 좋은 친구는 가까이 있어야 하고, 자주 만나야 하고, 취미가 같으면 최상이라고 한다. 좋은 이웃과 소통하면서 우울감이 사라졌고 생활에 활력과 행복지수가 높아지는 걸 느끼면서 충만하게 보내게 되어 참으로 감사하다.

두 번째로 맞이한 올봄, 코로나19의 정국에서도 봄은 어김없이 찾아왔다. 우리 집 창밖 손닿을 듯 보이는 작은 산봉우리에 꽃구름이 피어났다. 갇혀 지내는 답답함을 위로해 주려고 펼치는 향연일까. 벚나무의 개화가 환호하며 펼치는 장관을 바라보며 자연의 은혜가 위대하게 느껴졌다. 일주일은 집안에서 창밖의 풍경에 사로잡혀 지루하지 않았는데 시간이 갈수록 견딜 수가 없었다. 특히 고령자들의 모임을 자제하라는 수신이 계속되어 자연스레 개인적인 운동을 하게 되었다. 마스크를 하고 아이들도 어른들도 바깥을 나왔다. 걸으면서 푸름이 짙어가는 나무들과 만나는 기쁨에 기분이 뿌듯하다. 수많은 나무들 중에서 가장 나의 관심을 끄는 나무는 서어나무와 팽나무다. 서어나무는 아파트로 들어서는 길목 어귀에서 만나는 고목인데 가지가 잘려나가고 험한 상처의 흔적을 안고 우리 삶의 터로 옮겨왔다. 절절한 생애를 한 눈에 짐작할 것 같았다. 새봄에 은근히 걱정했는데 올해도 건강한 잎을 달고 의연하게 서 있는 당당함이 대견하고 고맙다. 어린이 놀이터를 마주하고 조성된 석가산 연못 작은 둔덕위에 비스듬히 올라앉은 팽나무, 몸채의 반 오른쪽 가지는 모두 잘려나가고 심한 상처를 감싼 불구의 몸, 무심한 듯 우뚝 서 있는데 강인한 생명력을 자랑하는 나무다. 아름드리 고목인 수령은 알 수 없으나 양지바른 터에 자리한 덕분인지 제일 먼저 무성하게 잎을 틔우고 자잘한 열매를 수없이 매달고 있다. 반쪽의 가지를 지탱하고 서 있는 팽나무를 볼 때마다 강인한 생명력에 뜨거운 박수를 보낸다. 두 나무는 마주보고 서 있는데 비바람 어떤 고난에도 뿌리를 튼튼하게 내려 잘 이겨내자는 속삭임을 엿듣는 상상을 하며 그 언저리를 매일 걷는다.

뜰에서 가장 많이 고사한 나무는 주목이다. 태백산이나 소백산에서 많이 본 나무인데 뿌리 착근에 실패하여 속속 뽑혀나가니 안쓰럽다. 큰 벚나무 몇 그루 마른나무로 생을 마감하니 뿌리내리고 살기도 어려웠나 보다.

지난해 이른 봄, 우리 출입문 앞뜰에서 가장 키가 큰 백목련이 피워낸 순백의 꽃송이를 보며 행복했다. 이상한 것은 올봄에는 꽃도 피우지 않은 마른가지로 서 있는 목련이 겨울을 못 이겨 죽었을까 궁금해서 자주 나무를 올려다보곤 했는데 그 옆의 자목련도 다 지고만 어느 날, 뾰족한 푸른 잎을 틔우기 시작했다. 처음 옮겨와서 꽃을 피운다고 너무 기운을 다 소진한 탓일까, 뒤늦게 소생한 목련이 가상하다.

내가 즐겨 걷는 작은 숲 오솔길에 배롱나무 군락이 있다. 다른 나무의 잎이 창창할 때 죽은 듯 움틀 기미가 보이지 않은 배롱나무는 가장 뒤늦게 잎을 틔워 나의 부질없는 기우를 조롱하는 식물의 개성이 신비롭다.

나는 오늘도 햇빛에 찬란한 푸른 나뭇잎과 눈 맞추며 열심히 걷는다. 건강한 노후를 위하여 하루에 만보걷기 실천에 매진하면서 팽나무에게 가만히 속삭여본다. 마을 어귀에서 수호신으로 우뚝 서 있는 당산나무처럼 우리 곁에서 오래오래 함께 하기를 기원한다고.

김치 이야기

요즘 들어 부쩍 신문 사이에 끼어 들어오는 광고지에 "아직도 김치를 담가 잡수십니까?" 라는 글귀를 자주 보게 된다. 배추김치는 물론, 총각김치, 보쌈김치 등 전화 한통화로 주문 배달되는 편리한 시대가 되었다.

김치는 빼 놓을 수 없는 우리의 기본 반찬이다. 주부의 사회 참여가 높아지면서 바쁜 일손을 덜어 주어 반가운 일이기도 하다.

올봄, 방의 도배를 하면서 묵은 책을 정리하던 중 미혼 시절에 스크랩해 둔 요리책을 발견 하였다. 그 속에는 특별히 정리해 둔 요리 부분이 김치였는데 계절별 또는 지방별 특색 있는 김치 담그는 방법이 사진과 곁들여 상세하게 정리 되어 있었다.

우려했던 나의 김치 솜씨에 도움이 되고자 준비한 것과는 달리 응용해본 기억이 별로 없다. 대가족의 살림을 꾸려 오신 시어머님 슬하에서 식구들의 식습관에 따라 자연스럽게 익혀 나갈 뿐이었다. 밥상에 자주 오르던 나박김치는 시어머니의 솜씨였는데 소금 간에만 맞춰 익힌 것을 잘게 썰어 깨소금과 무쳐내는 담백함은 여름 입맛을 한층 돋우어 주었다.

우리가 자랄 땐 가을걷이가 끝나고 나면 김장은 연중 큰 행사였다. 먹을거리가 흔치 않았던 긴 겨울 밤참에 얹어 먹던 무청김치의 감칠맛은 잊을 수가 없다. 겨우내 이른 봄까지 저장 식품으로 많은 김장독을 준비하여 제 철에 부족한 영양을 공급하기 위한 조상들의 슬기로 만들어 낸 맛과 향, 그리고 귀중한 생명물질이 담겨있는 한국인의 건강 파수꾼이다.

우리의 음식문화는 전통발효식품이다. 간장 된장, 고추장은 물론 김치 또한 좋은 젓갈과 어울려야 맛의 조화가 이루어진다.

남해안에서는 4-5월에 질 좋은 멸치가 많이 잡힌다. 우리 집의 멸치 젓갈을 준비하는 시기도 이때가 되는데 아파트 좁은 베란다 구석 항아리에 담겨 봉해진다. 봄부터 여름까지 잘 발효된 젓갈을 가을이면 소쿠리에 한지를 깔고 받쳐 떨어지는 투명한 액젓을 차지한 기쁨은 가을 알곡을 거둔 농부와 같다고 할까. 액젓을 뽑아낸 건더기를 버리기 아까워 식구들이 모두 나간 아침부터 사방의 문을 열어놓고 그 독특한 냄새를 증발시키며 오랜 시간 달이는 작업은 실로 유쾌하지 못하다. 저녁에 돌아온 가족들의 민감한 후각에 죄라도 지은 양 쩔쩔매며 늘어놓는 나의 해명이 조금 억울하다는 생각마저 들게 한다.

그러나 그 후에 맑은 멸간장으로 내린 액을 보관해두고 해초를 무치거나 쌈을 쌀 때 요긴하게 먹는 맛깔스러움은 더 없이 풍요하다.

처음 살림을 나와 그해 겨울 김장을 할 때였다. 온갖 속을 다 넣고 갖은 양념으로 한껏 기교를 부린 김치가 물러지고 지저분하여 아까운 재료값도 못한 낭패를 맛

보았다. 값비싼 재료보다는 간이 잘 맞아야 하고 손맛이 깃들어야 담백하고 깔끔한 맛을 낸다는 것을 뒤늦게 깨달았다.

어느 날 밤. 늦게 귀가한 아들 녀석이 김치 이야기를 했다. 빈 도시락을 꺼내 놓으며 우리 집 김치 맛을 몰랐는데 단짝 친구가 맛있다고 만들어 팔면 좋겠다는 말을 하더라는 것이다. 그 친구 집은 어머니 직장 생활로 김치를 사서 먹는다고 그때서야 아이는 김치가 정말 맛있다고 너스레를 떨었다.

상품으로 식탁에 올리면 손쉽고 편리 하겠지만 내 가족의 식성과 건강을 위하여 애정이 묻어나는 손맛에는 비할 수 없으리라.

식성이 차츰 서구화 되어가는 신세대들. 패스트푸드나 인스턴트식품과 같이 즉석에서 만들어지는 음식들의 홍수를 보며 김치가 얼마나 합리적이고 독특한 겨레의 전통 먹을거리인가를 되새겨 보게 된다.

농가월령가에 나오는 김치의 종류만 보아도 2월의 달래김치, 6월의 가지김치, 10월의 무, 배추김치 등이 있으며 지금까지 알려진 김치 종류만 해도 2백여 가지나 된다고 한다.

김치는 지역마다 또는 가정마다 특색을 지니고 있다. 북쪽지방은 기온이 낮은 까닭으로 김치를 싱겁게 담그고 양념 사용량도 적으므로 맛이 담백하고 우리 남쪽 지방은 따뜻하여 쉽게 변질될 염려가 있으므로 소금이나 젓갈을 많이 사용하여 짜고 맵다.

문헌에 의하면 김치는 삼국시대부터 내려왔으며 그 성분으로는 미네랄과 비타민, 살아있는 젖산균과 여성들이 좋아하는 식이 섬유가 들어 있다. 특히 젖산균은 건강 장수를 약속하는 소중한 생명체이다. 그 외에도 항암성과 항노화성이 있어 성인병 예방에 많은 도움이 된다고 알려져 있다.

올해는 배추 농사가 과잉 생산되어 갈아엎는 농민들의 참담함이 우리를 안타깝게 한다. 가정 마다 조금 넉넉한 김장으로 배추 소비를 도와주고 김치를 이용한 여러 가지 요리를 개발하는 노력을 해 보면 좋지 않을까.

나 역시 오랜 세월 경험으로 터득해갈 뿐 체계적으로 재료의 무게나 양념의 농도를 계량해서 바로 "이 맛이다"라고 할 만큼 해박하지 못하다. 그러나 딸아이에게 김치 담그는 방법은 가르쳐야겠다는 생각을 하게 된다. 같은 재료와 같은 솜씨로 하는 음식도 기울이는 정성에 따라 그 맛의 차이가 다르다는걸 느낄 수 있다.

가족들이 돌아오는 저녁 무렵, 알맞게 절여진 신선한 배추에 양념을 버무려 속을 넣노라면 둘러앉아 한 입 가득 생김치의 맛을 보는 정겨움은 손수 담그지 않으면 느껴보지 못하는 깔끔한 맛이다. 옆집과도 조금씩 맛을 나누어 보는 재미도 이럴 때가 아닐까.

우리의 사는 모습도 이와 같다는 생각이 든다. 특별한 인물은 아니지만 꼭 필요한 역할을 하는 사람, 오래 사귈수록 질리지 않고 잘 발효된 김치 맛 같은 진국인 사람이 많다면 살맛나는 사회가 되지 않을까 싶다.

그 나라를 지탱해 주는 정신문화도 음식과 밀접한 관계가 있는 것 같다. 국제 시합에서 우리 운동선수들의 강한 투지력과 끈기도 김치의 위력이라고 하니 놀라운 일이다.

사철 풍부한 야채와 냉장시설의 보관으로 기호에 맞춰 다양하게 장만할 수 있는 먹을거리가 넘쳐나는 오늘날, 김치 담그는 번거로움에서 벗어나고 싶을 때가 올지는 모르겠다. 그러나 우리가 어머니의 손맛을 그리워하듯, 훗날 아이들이 향수를 느낄 수 있는 맛의 비법을 위해 완성된 김치 수업은 나에게 큰 과제로 남아 있다.

대만 기행

고구마 같은 지형으로 우리나라의 제주도와 경상북도를 합친 정도의 작은 섬나라 대만.

습기가 많고 기온이 높아서 가로수의 나무들도 선연한 빛깔을 띠지 않고 색이 바래고 지친 모습의 아열대성 기후다.

거리에 쏟아져 나온 오토바이 행렬이 제일 먼저 이방인을 놀라게 하는 풍경 타이베이.

여행자를 가장 먼저 이끄는 곳은 세계3대 박물관 중의 하나인 고궁박물관이다. 중요한 전시관만 둘러보는데도 많은 시간이 걸리는 엄청난 유물들이 탄성을 자아내게 한다.

대만의 초대 총통인 장개석(국민당)이 마오쩌뚱의 공산당에 의해 쫓겨 나오면서 함께 가지고 나온 진귀한 유물들이 이곳에 모두 보관되어 있다. 8년 전쟁을 치르면서 72만점의 유물을 보관해 왔다고 하는데 도무지 믿기지 않을 일이다. 8만점씩 교대로 전시하며 5천년 역사의 중국황실 컬렉션 중 최고의 것만 엄선했다고 한다. 이 중 15cm 안팎의 공 안에 또 다른 작은 공 17개가 차례대로 들어앉은 '상아 공' 조각의 정교함과 그 예술의 극치로 많은 사람들의 눈길을 사로잡았다. 여러 개의 조각으로 구성된 것 같은데 1개의 상아가 끊어짐도 없이 세밀하게 조각되어 있다. 더구나 3대에 걸쳐 완성한 작품이라니 놀라울 뿐이다.

올리브 씨의 염주, 작은 과일 씨 하나에도 그토록 섬세하게 새긴 노자가 소를 타고 있는가 하면 피리를 불고 있는 모습. 해독작용을 한다는 코뿔소로 만든 '술잔'이며 상아조각의 '찬합'은 4대에 걸쳐 완성한 장님의 작품이라는데 믿기지 않은 고대의 산물이다.

특히 '세계에서 가장 비싼 배추'는 비취로 조각한 한 포기의 배추 잎 위에 벌레 두 마리, 메뚜기와 여치가 앉아있는 정교한 조각은 명나라 장인의 솜씨라고 한다. 고궁박물관의 유물에서 특징적이라면 아주 작은 소품 하나라도 너무 섬세하고 정교해서 중국인들의 장인들 손재주는 세기를 뛰어넘는 가히 신적이라 말하고 싶다.

무당들이 점을 칠 때 가장 먼저 사용했다는 '갑골문자', 풍만한 육체에 발이 작아야 하는 '당나라 미인상'은 요즘 세대들에겐 고개가 갸웃거릴 모습을 하고 섰다. 송나라 위종황제의 희귀 도자기 연꽃모양 '여요', 그 비색과 아름다움은 이루 말할 수가 없었다.

나를 놀라게 한 또 하나의 유물로는 서태후가 앞에 놓고 사용했다는 냉병풍이다. 48개의 비취조각으로 만들었는데 그 진가는 상상을 초월한다고 한다. 옥이나 비취가 황실의 보신용으로 많이 사용됐다는 걸 엿볼 수 있었다. 그 병풍은 나를 황홀경에 빠져 들게 한 충격적인 황실의 보물이다. 전시물의 3분의2가 서예라고 하는데 중국의 유명한 대가들 글씨가 전시관을 장식해서 더욱 돋보이게 했다.

동양자수로 된 병풍이며 글씨로 된 액자, 그리고 그림은 자수를 놓아서 한 작품이라고 믿기 어려울 정도로 정교해서 손으로 만져 확인 해 보고 싶을 정도이다.

우선 대만 여행에서 고궁 박물관 한 곳에만 관람해도 그저 눈이 놀라고 입이 떡 벌어진다. 그 당시의 다산이나 환생을 염원하여 죽은 자의 입에 매미를 물린다는 매미조각, 복을 부른다는 박쥐가 독특하다.

작고 섬세한 조각들과 놀라운 유물 눈에 담고 머리에 새겨 넣기 부산한데 머리 식힐 수 있는 자연의 비경이 우리의 발걸음을 이끈다. 1 시간가량의 거리에 있는 '야류해상공원'이다.

길옹시 제2항구도시에 수 천 년에 걸쳐 용암과 풍화작용에 의해 형성된 수많은 바위들의 기기묘묘한 모습들이 어우러져 있는 예술조각 전시장 같은 곳, 자연이 빚어낸 작품이라기엔 참으로 오묘하다. 이집트의 네페르티티 여왕을 닮았다는 바위며 용암바위 여자의 음경같이 생긴 기이한 바위 등, 푸른 해안절경과 어우러져 더위를 식혀준다.

23만평의 중정기념관은 세계의 화교들이 돈을 모아 건립했다니 민족의 저력을 다시 실감케 하는 곳이다. 장개석이 90세 때 심장마비로 세상을 떠났는데 유엔이 인정한 5 성 장군이며 손문과는 스승이자 동서간이기도 한 장개석의 집무실안 시계는 11시50분에 멈추어있었다. 링컨의 동상보다 큰 동상을 세웠으며 대만에서는 그가 연설한 10월 25일을 광복절로 기념하고 있다.

대리석 광산으로 유명한 화리엔(花蓮)에는 대리석 공장이 국영으로 운영되는데 지진 다발지역으로 태풍이 꼭 지나가므로 낮은 건물로 지었다고 한다. 주변 산의 대리석을 다 캐려면 100년이 더 걸리는데 대리석 안에는 원석만 해도 네 가지가 되며 귀한 비취나 옥까지 선별해서 엄청난 수익을 낸다고 한다.

태로각 협곡을 개발하면서 대리석이 떨어져 수 백 명의 사망자가 발생했는데 그들의 넋을 위로하는 장춘사가 들어 서 있었다. 옥빛 물소리 따라 달리는 계곡에 흠씬 젖어 연자구, 동굴, 용소, 수많은 기암괴석을 만나는 즐거움도 놓칠 수 없는 협곡, 동방의 그랜드캐년이라 불리고 있다. 대부분 고산족들이고 18개 시중에서 가장 큰 도시지만 인구는 50만 명을 웃도는 정도며 고무나무 가로수가 이색적이다.

화리엔으로 오는 기차를 장시간 타고 오면서 에어컨 작동이 너무 강해서 겉옷을 껴입어도 감기에 걸리게 되었으니 무덥고 습한 날씨 때문에 어쩔 수 없다는 그곳 기후에 고통을 체험하노라니 새삼 우리나라의 사계가 자랑스러워진다.

대만에서는 7월을 귀신 달이라하여 결혼을 안 하는 풍습이 있다고 한다. 250년 전에 건립한 도교사당 '용산사' 는 태평양전쟁 중 폭격에도 건재해서 '사당의 기적'이라고 일컬어지고 있으며 용마루와 지붕이 모두 화려한 채색의 도자기로 조각되어 있다. 250 년 전에 기와, 돌을 운반해 와서 사당의 기둥 돌조각은 역사의 조각이라며 길고 굵은 향불을 한 웅큼씩 들고 기원하기 때문에 심한 연기로 근처에 서 있기가 힘든 노릇이다.

사당마다 학업기원, 자녀기원, 재복기원, 모두 따로 되어있고 대만 사람들이 좋아하는 붉은색은 시내 간판에서도 볼 수 있지만 시내 전역에 커피자판기가 없는 것도 우리나라와 다른 점이다.

재력이 있어도 지갑을 잘 열지 않으면서 오늘의 주인이 내일의 세입자가 되는 반복을 할 정도로 도박이 심하다고 하니 그 또한 이해가 안 되는 국민성이다.

우리의 노사분규 때 그들의 경제가 급속도로 발전하여 외화보유고가 높다고 하니 시가지 겉모습과는 다른 실속을 챙기는 야무진 나라인가보다.

중국이 유적보존이라면 대만은 유물보존이라고 할까. 오랜 전쟁에도 그 많은 유물을 보존 관리하고, 세계의 관광객을 불러들이는 저력이야말로 놀라울 따름이다.

우리나라와 가까우면서 진귀한 유물과도 만나 중국의 옛 황실의 자취를 더듬어 보는 신비를 자아내는 대만, 기회가 되면 한 번 더 고궁 박물관에서 천천히 꼼꼼하게 둘러보고 감상할 수 있는 여유를 갖고 싶은 욕심을 가져본다.

제2부

5월의 어떤 갠 날

5월의 어떤 갠 날 / 숲에서 / 조계산의 봄 /
어머니의 애장품 / 장수의 비결

5월의 어떤 갠 날

봄이 한창 무르익는 5월, 온 세상 꽃무리가 휘날리더니 어느새 반짝이는 신록이 더 눈부시게 아름다운 계절, 화신과 함께 날아온 여동생의 진급소식은 신선한 충격이었다.

동생은 우리 오남매의 막내로 내가 중학생일 때 태어났다. 한창 어머니의 따뜻한 품에서 보살핌이 필요하던 13세 어린 나이에 어머니가 돌아가셨다. 그 때 나는 4대가 한 집에 사는 종가의 며느리가 되어 첫 아이를 낳고 옆 돌아볼 경황이 없을 때였다.

방학이 되면 맏이인 큰언니가 보고 싶어 달려오던 애잔한 모습이 눈에 선연한데 치열하게 살아낸 영광을 마주하고 보니 감회가 새롭고 가슴이 뜨거워졌다.

여러 자녀를 홀로 키우며 교육에 혼신을 다하신 아버지는 막내의 대학 졸업을 앞두고 우리 곁을 떠나셨다. 친정어머니의 부재에도 세 아이를 낳아 기르며 공직생활을 양립하느라 동생의 피나는 노력에 격려와 응원을 보내지만 도움의 손길을 줄 수 없어 늘 안타까웠다.

공무원 교육연수원이 대구로 옮겨와 6개월 주말에는 서울과 대구를 오가게 되었다고 했다.

우리 형제들은 한목소리로 축하와 건강을 기원하며 만남을 기다렸는데 '제16기 고급관리자 양성 가족초청 행사'에 내가 참석하게 되니 큰 영광이라 마음이 설레었다. 대구 n호텔에 참석한 가족들과 만찬의 자리에서 교육원장님은 국가공무원 4퍼센트에 해당하는 가족이라며 축하의 말씀을 강조하셨다. 오후의 프로그램이 눈길을 끌었는데 오페라하우스에서 공연되는 '나비부인' 관람이다.

봄꽃 흐드러진 5월 여러분의 감성을 노크할 오페라 〈나비부인〉 한껏 기분이 고조되어 도착한 오페라하우스 입구에는 베르디의 조각상이 우리를 반겨 주었다.

호주 여행 때 시드니에서 건축미의 그 예술성에 놀라운 오페라하우스를 돌아보고 오래도록 잊히지 않던 기억이 있고 오스트리아 빈에서 야간 음악회 관람 때 객석의 분위기에 크게 놀란 경험이 있을 뿐 우리나라에서 오페라 관람은 처음 있는 일이다.

'자코모 푸치니'의 작곡으로 1900년대 초 서구에서 유행했던 이국적 정서를 반영해 동양적인 향취가 가득한 〈나비부인〉은 '미미.토스카에 관한 애정과 나비부인에 대한 애정은 비교할 수 없다'고 했을 만큼 그에게 각별했던 작품이다.

20세기 초 일본의 나가사끼가 배경으로 원작은 존 루터 롱의 장편소설 〈나비부인〉이다.

오페라를 이해하고 충분한 감상을 할 수 있을까 걱정했는데 무대 둘레로 친절하게 자막으로 해설을 연출해 주어 많은 도움이 되었다.

미 해군의 중위 핑커톤은 일본 나가사키 항구에 있

는 아름다운 별장에서 초초상과 결혼식을 올린다. 그러나 핑커톤과 결혼하기 위해 집안의 반대를 무릅쓰고 종교까지도 버린 초초상과는 달리 핑커톤은 그녀를 일본에 잠시 머무는 동안 가볍게 만나는 인연으로 생각한다.

시간이 흐르고 핑거톤의 아이를 낳은 초초상은 그와 함께 살았던 별장에 남아 3년전 미국으로 돌아간 남편을 기다린다.

한편 핑커톤의 친구가 돌아오지 않을 것이라는 편지를 전하지만 그녀는 아이와 함께 영원히 핑커톤을 기다릴 것이라고 말한다.

얼마 후 항구에 미국 함선이 도착한다는 소식이 들리고 초초상은 온 집을 꽃잎으로 장식한 채 핑커톤을 기다린다.그러나 핑커톤이 자신의 아이를 데리고 가기 위해 라내 게이트와 합께 온 것을 보고 초초상은 절망에 빠진다. 아이를 보내줄 수밖에 없음을 깨달은 초초상은 품속에 간직하고 있던 단도를 꺼내 자결하고, 핑커톤은 슬픔과 죄책감을 느끼며 절규한다. 펼쳐지는 무대에서 가녀린 몸이지만 누구보다 강인한 모성의 본능이 보여주는 장면이 연출되고 목숨까지 던지는 처절한 그 순간 나도 모르게 뜨거운 눈물이 흘렀다.

우리 부산에는 아직 오페라하우스 건립이 완공되려면 시간이 오래 걸리겠다는 생각을 하니 부럽기도 한 시간, 여동생과 오랜만에 공연을 함께한 봄날의 어느 멋진 날이 아름다운 추억으로 남을 일이다. 일찍이 부모님을 여읜 동생이 어려운 환경과 외로움을 극복하고 좋은 사람 만나서 세 아이를 낳고 반듯한 가정을 이루어 살고 있으니 늘 고맙고 가상하다. 물론 본인의 치열한 노력과 성실함이 바탕이 되었겠지만 다른 세상에 계시는 부모님의 음덕이라는 생각이 들기도 했다. 영혼이 있다면 환하게 웃음 지으며 행복해라고 주문처럼 외고 계실 것 같은 생각은 환상일까.

우리는 큰 여동생 집이 있는 울산으로 저녁 초대를 받아 함께 갔는데 세 자매들의 수다와 맛난 저녁식사로 행복한 시간을 보냈다.

부모님의 희생과 은혜를 잊지 않고 건강한 사회생활과 가정을 이끌어 가는 단단한 사람이 되기를 응원하면서 봄이 무르익는 행복한 밤을 함께 보냈다.

열악한 환경에서 피워내는 향기 짙은 야생화처럼 좋은 영향력을 가졌으면 하는 바람도 기대해 보면서 동생 덕분에 5월의 어떤 갠 날보다 더 멋진 날을 함께 한 봄날이었다.

숲에서

어제 내린 비로 산길은 젖어있다.

비 온 후 숲속은 유난히 청정하고 희망에 넘친다. 연두 빛 오리나무 숲, 새들의 울음으로 초록빛을 물어 나르고 소녀들 가위바위로 잎 따기 하던 아카시아 잎에도 꽃송이를 달기 시작했다. 부쩍 자란 떡갈나무 잎은 유아의 목둘레에 달린 연두 빛 고운 프릴이다.

산기슭 약수터로 오르는 이 숲길을 나는 사색의 길이라 부르고 싶다. 초록빛 물이 금세 번져나는 상큼한 이 산기운. 숲속은 흡사 목욕을 끝낸 백 일 맞은 아가의 피부처럼 부드럽고 연한 나뭇잎에 싸여있다. 어디선가 고운 선율이 잔잔히 흐를 것 같은 고요함. 길섶 비단결 같은 풀잎을 가만히 쓰다듬어 본다. 윤기 나는 풀잎을 만지노라니 문득 어릴 적 외가에서의 일이 떠오른다.

외할아버지께서 새 풀을 먹이고 오라시며 외양간 소를 풀어 주셨다. 우리 집 누렁이를 빼고 모든 동물을 무서워하는 겁 많은 내가 커다란 눈을 껌벅이며 이따금 '음메' 하고 우는 소를 몰고 처음 목동이 되었다.

키를 재며 사근 대는 대밭을 지나 양지바른 뒷산에 바삐 소를 몰고 올라갔다. 한참은 소를 따라 다니며 풀을 먹이고 지켜보았으나 차츰 지루하기 시작했다. 사방을 둘러보니 마땅히 매어 둘 곳이 없었는데 저만치 높은 곳에 큰 소나무가 보였다. 소를 매어두고 할미꽃, 제비꽃 진달래꽃잎도 따고 풀밭속의 삐삐도 뽑느라 신이 났었다. 봄 동산에 흠씬 묻혀 시간 가는 줄 모르다가 매어놓은 소가 궁금해서 소나무 곁으로 달려갔다. 소는 보이지 않고 줄만 덩그러니 달려 있었다. 겁에 질린 나는 온 산을 쫓아 다녔다. 소는 산 아래에서 씩씩

거리며 풀을 뜯고 있었다. 한쪽 뿔이 뽑혀 피가 벌겋게 괸 모습으로.

놀라움에 울음을 터뜨리자 흠칫 놀란 소는 마구 달리기 시작했다. 내가 지쳐서 천천히 걸으면 소도 천천히 걷고 이때다 싶어 달려가면 한발 앞서 달아났다. 고삐 줄이 없으니 잡을 수 없는 안타까움에 전신은 땀과 눈물의 범벅이 되었다.

동네에서 꽤 먼 거리에 있는 도랑가 좁은 길을 쫓다가 마주오던 어른의 손에 잡혀 겨우 외양간에 몰아넣게 되었다.

고삐 줄을 찾아오신 외할아버지께서 "그 비탈진 언덕배기에 소를 매달았으니 제 놈이 살라고 얼마나 몸부림 쳤을까 너에게 맡긴 내 탓이지." 하시며 뿔은 다시 나지만 짝이 맞지 않아 인물을 버려 놓았으니 값이 많이 떨어진다고 하셨다.

농가의 큰 재산인 소의 시세야 알 수 없었지만 가엾은 소가 얼마나 아프랴 싶어 내내 울었다.

뿔이 빠진 자리에 붕대로 싸맨 소를 보며 철없이 쩔쩔매던 나. 이제 영원히 뵐 수 없는 늘 인자하시던 외

할아버지, 지금 고향 산에는 소 먹이는 아이들 보리피리로 메아리가 지겠지.

아스라한 추억에 젖어 걷노라니 안개에 잠겼던 골짜기 약수터가 보인다. 살아있는 물, 투명한 공기 저 무성한 숲길, 오늘 따라 자연의 은혜가 무한하다고 느껴진다.

조계산의 봄

신록이 아름다운 5월, 산이 유혹하는 계절이다.

'여여선원 산악회'의 순천 조계산 산행은 선암사에서 출발하여 송광사로 내려오는 코스라는데 마음이 끌렸다.

오래 전에도 송광사와 선암사를 돌아보면서 바쁜 일정 때문에 아쉬움이 있었는데 봄이 무르익은 산자락의 사찰에 한껏 기대가 되는 일정이다.

태고종의 총림이며 고찰인 선암사 입구에서 부도 밭을 지나고 줄 이은 연등을 따라 야트막한 숲길을 오르노라면 제일 먼저 승선교를 만난다.

화강암으로 축조한 아치형 다리의 모습이 너무 멋지게 느껴져서 오래 자리를 뜨지 못했던 기억이 있다. 특히 다리의 아랫부분에 조각된 용머리가 다른 곳에서 볼 수 없는 독특한 구조의 보물이라 인상적이다. 다리 아래 물가에서 보는 강선루도 아름답고 절 입구에 들어가기 전에 잔잔한 삼인당 연못이 나그네들의 발길을 멈추게 한다. 연못 앞에서 산행대장이 한 컷 앵글을 맞추는데 삼인당 가운데의 작은 섬이 신비의 배경을 잡아준다.

선암사는 조계산을 사이에 두고 송광사와 쌍벽을 이루었던 수련도량으로 유명하다. 도선국사가 창건하고 신선이 내린 바위라 하여 선암사라고 전해진다. 6.25전쟁으로 소실되어 지금은 20여동의 당우만이 남아 있지만 그 전에는 불각이며 요, 누문을 합쳐 65동의 대 가람이었다고 한다.

한창 왕벚나무들이 꽃송이를 주저리로 달고 산객들을 맞이하는데 바쁜 틈에도 고목의 매실나무가 궁금했다. 노목으로 자잘한 매실을 달고 건재한 모습으로 의

연하게 버티고 서 있는 아름드리 '선암매'가 세월의 이끼까지도 신비하고 반가웠다.

선암사에서는 해우소가 유명한데 자연과 과학의 어떤 조화인지 모르겠지만 냄새가 나지 않는 아름다운 뒷간으로 문화재에 지정될 만큼 유명하다니 이 또한 특별하다. 경내의 삼층석탑과 대웅전이며 팔상전 등 보물로 다수의 중요문화재가 있는 역사의 가치가 큰 선암사, 품안이 아늑하면서 아기자기 수목들이 유달리 아름답고 웅장하지 않으면서 단아한 기품이 다시 오고 싶은 마음을 불러일으킨다.

선암사를 뒤로 하고 비로암으로 향하는 길목에서는 마애여래입상이 잠시 쉬어가게 한다.

산의 오르막을 숨차게 치고 오르는 길 숲에는 윤기 나는 신록, 숲의 향기가 안겨드는데 하필이면 황사가 시야를 흐리게 하는 큰 방해꾼이 되어 얄미운 형국이다.

산 정상인 장군봉(884m)에 올라서니 겹겹의 봉우리들이 눈 아래로 어슴푸레 보일뿐, 봄 산의 정기를 받아들일 수는 없었다. 선암사에는 이 장군봉이 지켜준다는 전설로 사천왕문이 없다고 하니 참으로 신성한 봉우리

인가 보다. 비가 오는 일기 보다는 낫다는 위로를 하면서 멀리 보이는 연산봉을 향해 부지런히 발길을 옮긴다.

연산봉으로 가는 장막골 아래로 봄의 야생화 얼레지들의 군락이 한창 장관을 이루고 있다. 보랏빛 꽃술을 화들짝 뒤집고 오순도순 무리지어 피어나는 야생화의 천국이 눈앞에 펼쳐지는 숲길, 낮은 산죽들의 열병식에 탄성을 자아내며 걷는 능선 길은 조계산 산행의 백미다.

연산봉에서 바라보는 장군봉이 오히려 더 낮게 느껴질 만큼 조계산에서 장대한 봉우리로 송광사로 내려가는 중심 기점인가보다.

송광사를 향해 피아골 계곡을 내려올수록 맑고 장쾌한 물소리가 힘을 실어준다. 너덜겅 같은 돌계단을 지나면서 바위를 기대고 공생하는 기기묘묘한 소나무와 각양각색의 야생화가 시샘하듯 뽐내는데 송광사까지가 힘들고 멀게 느껴지는 내리막길이다.

숨 쉬는 일이 상쾌해야할 산행길이 황사의 방해로 호흡하기가 여간 고달픈 게 아니다.

5월이라지만 계곡물에 손을 담그니 차고 아리다. 그

래도 남자들은 발을 담그고 씻는 사람들도 있는데 도저히 따라 하기 힘든 계곡의 기온인데 몸에서는 땀이 솟는다.

송광사에 들어서는 초입에는 연못을 에워싸고 반짝이는 단풍나무 잎, 왕벚나무 꽃가지가 휘어지도록 흐드러지게 한창이다.

'부처님 오신 날' 사월 초파일을 앞둔 절 주변이 사방천지 연등의 물결인데 송광사는 신라말 혜린선사에 의해 창건되었다고 전한다.

승가는 스님들과 신도들로 구성된 신앙공동체를 가리키며 진리의 길을 함께 걷는 길동무의 모임이라 할 수 있다.

한국불교에는 일찍부터 세 가지 보배를 가리키는 삼대 사찰이 있고 이를 삼보사찰이라고 한다. 곧 양산의 통도사에는 부처님의 진신사리가 모셔져 있기 때문에 불보사찰, 합천해인사에는 부처님의 가르침인 팔만대장경이 모셔져 있기 때문에 법보사찰, 순천의 송광사는 한국불교의 승맥僧脈을 잇고 있기 때문에 승보사찰이라고 하여 삼보사찰이라고 한다.

송광사에는 새로운 불사로 임시 법당을 가설해 놓고 휘장에 둘러싸인 대웅전 앞마당에는 연등이 가득한데 법정스님의 다비식 장면이 전개되는 환영이 보이는 듯하다. 무소유를 실천하고 가실 때에도 사리 한 점 수습하지 말라고 당부하신 이 시대, 진정한 종교인의 목소리가 연등사이로 언뜻 들리는 것 같다.

송광사에 들어서면서 문득 불일암을 지키고 있을 작은 나무의자가 생각나고 '아름다운 마무리' 수필이 떠오른다.

"아름다운 마무리는 처음의 마음으로 돌아가는 것, 초심을 회복하는 것이며, 내려놓음이며 비우는 일이다. 채움만을 위해 달려온 생각을 버리고 비움에 다가가는 것이며, 그 비움이 가져다주는 충만으로 자신을 채운다. 아름다운 마무리는 살아온 날들에 대해 찬사를 보내는 것, 타인의 상처를 치유하고 잃어버렸던 나를 찾는 것. 삶은 순간순간이 아름다운 마무리이자 새로운 시작이어야 한다."

법정스님이 늘 강조한 맑은 정신을 되새겨보게 한다.

송광사의 해우소도 다른 사찰과는 달리 연못을 기대고 통나무로 정갈하게 세워져 있는데 마루로 된 바닥이라 신발을 벗고 들어가는 보기 드문 정랑이다.

노곤한 발걸음이 되어 돌아오는 길, 순천만 갈대밭의 그 푸른 기상을 바라보며 '짱뚱어탕' 별미를 처음 맛보는 호사는 조계산 산행에서만 즐길 수 있는 덤이 아닐까.

산행을 하면서 선암사와 송광사, 그리고 순천만의 갈대밭까지 돌아볼 수 있는 조계산에 날씨가 쾌청하고 좋은 계절에 다시 한 번 오고 싶은 욕심을 내어 본다.

조계산은 오르고 내려오면서 산이 품고 있는 사찰의 귀중한 문화재 보물들을 만날 수 있다는 매력 때문에 한결 피로감을 덜어 준다. 그 보람과 봄의 산 정취까지 한껏 느끼며 안고 오는 충만감을 불청객 황사의 훼방꾼이 유감이었지만 안전한 하산에 감사할 따름이다.

청정하게 짙어가는 숲, 지저귀는 새소리와 지천으로 풀어내는 아카시아 향기, 심신을 풍요롭게 해준 산기운에 산을 맞이할 때 마다 보내는 찬사다.

6시간의 산행에서 얻은 심한 목감기 때문에 치료하

면서 크게 핀잔을 받았다. 황사주의보를 무시하고 결행한 대가를 톡톡히 치른다고 생각했는데, 그나마 빠르게 치유가 된 것은 조계산 두 절집의 부처님 가피 때문이라는 생각이 든다.

어머니의 애장품

우리 세대의 젊은 날, 처음 시작할 때의 살림살이에 비교하면 너무 많은 짐 속에서 살고 있다. 쌓인 세월만큼 묵은 짐 또한 자연스런 현상인데, 새 집으로 옮길 때는 절로 정리가 되어 한결 공간의 여유를 살릴 수 있을 것 같다.

정리정돈의 달인이라고 하는 사람들은 몇 년 몇 개월의 시한을 두고 사용하지 않는 물건은 과감하게 정리해야 효율적인 생활을 할 수 있다고 강조한다. 공간도 재산이다. 여백의 멋을 살려야 한다. 우리 집을 방문하는 형제들이나 친구들에게 짐을 버리라는 말, 자주 듣는 충고다. 주인이 오래 되었으니 살림살이 또한 낡고 구식인 것은 당연한지도 모른다. 그러나 비우기를 잘 하고 깔끔한 사람들은 집안이 늘 환하다. 집 안을 돌아보며 순위를 정해 놓고 버리기. 정작 실행을 하려면 그 마음은 잠시일 뿐, 다시 창고나 구석자리에 도로 들이고 만다.

수십 년 옮겨가며 같이한 배부른 장독이며 된장, 젓갈, 고추장, 크고 작은 옹기 항아리들이 베란다며 다용도실을 가득 차지하고 있다. 새해부터 장이나 젓갈을 담그지 않으면 모를까. 붙들고 살아야 하는데 며느리나 딸이 이어간다면 제일 먼저 퇴출당할 가엾은 물건이다. 이사 올 때 기르던 정 때문에 같이 온 크고 작은 화분들은 이제 울창하게 그 잎을 뽐내고 있다. 거실을 많이 차지하고 있는 애들은 내가 없으면 당장 내몰린다. 단출하고 깔끔하게 살아보자는 아이들의 성화에도 끄떡 않는 고집에는 집안 내력의 영향도 크다. 시어른들은 물론이지만 남편도 버리는 일에는 아주 인색했다. 오래도록 같이한 타성에 자연스레 젖어들었는지 실행하기가 쉽지 않다.

우리 집 어느 모퉁이를 둘러봐도 고급하고 근사해 보이는 물건은 없는데 오래된 소장품이 몇 개 있다.

재봉틀과 다듬잇돌, 나이가 80은 족히 된 우리 집 유물이다. 시어머니 돌아가신 후 아버님께서 대대로 물려도 될 소중한 물건이라며 내게 주신 재봉틀. 나한테로 처음 왔을 때는 간단한 바느질에 잠깐 사용한 적이 있지만 차츰 녹도 슬고 고장이 나면서 발틀에서 손재봉틀로 줄여서 한 자리 차지하고 있다.

고향 산골마을에서 대부분 자급자족으로 생활하시던 농경시대, 여인들은 잠시도 일손을 놓지 못했다고 한다. 사대가 한 집에서 살아가는 많은 식구들의 식사를 공급하려면 디딜방아에 곡식을 찧어야만 밥을 지을 수 있었고, 그 식솔들의 의복가지는 손수 길쌈을 해야만 입성을 해결했다고 한다. 옷을 짓는데 손바느질이 얼마나 힘들었을까. 며느리를 아끼던 시할아버지께서 마을에서는 최초로 그 당시에 유명한 싱거 재봉틀을 선물로 안겨주셨다고 한다.

눈썰미와 솜씨가 매운 어머니에게 재봉틀은 일생동

안 가장 편리하고 유익한 전유물이 되었다.

내가 새댁 때 아침밥 준비를 위해 방문을 나서면 벌써 이른 아침 어머니의 재봉틀 소리는 조용한 아침을 일깨우곤 했다. 건강이 좋지 않아 바깥일은 힘들어 하셨지만 방안에서 바느질을 놓지 않는 어머니 재봉틀 돌아가는 소리는 그치지 않았다. 색색의 조각으로 곱게 누벼서 베게모를 만들고 자투리 천으로 커다란 홑이불이 되는가 하면 와이셔츠 깃이 낡으면 목선을 예쁘게 판 브라우스로 다시 탄생시키는 솜씨에 재봉틀의 전성기는 어머니 일생과 같이했다.

다듬잇돌은 이사를 할 때마다 무거운 짐 처분하지 않는다고 핀잔을 받던 물건이다. 친정 부모님 세상 뜨신 후 동생들은 저마다 가정을 이루어 뿔뿔이 흩어졌다. 모든 살림살이 다 떠나보냈는데 몇 군데를 옮겨 다니다가 나한테로 와서 오늘날까지 같이 하게 되었다.

어릴 때, 명절이 가까워 오면 온 동네 아낙들의 다듬이 소리가 밤의 정적을 깨고 장단을 맞추었다. 명절빔을 장만하시느라 어머니들의 일손이 더욱 바빠지면 늦은 밤의 방망이들 다투어 똑딱똑딱 마을에 울려 퍼졌다. 나도 덩달아 어머니와 마주 앉아 어설프게 박자를 맞추며 다듬이 하던 추억이 배어 있는 물건이다. 지금은 소용 가치를 못하는 짐에 불과하지만 나는 아직 버릴 수가 없다.

장롱 속에 간수하고 있는 경대보는 시어머니 처녀시절의 수예품이다. 빨간 모보단 바탕에 고운 명주실로 모란꽃을 수놓아 그 가장자리에 초록색 프릴을 장식한 아름다운 소품이다. 거울도 귀한 대접을 받던 그 시절, 덮개로 멋을 살린 예술품이 아니던가 싶다. 부귀와 화목의 상징인 모란꽃 문양을 한 땀 한 땀 새기며 행복한 결혼생활을 꿈꾸었을 어머니의 가녀린 체취가 문득 느껴진다. 예전 안방에 어머니의 경대가 재봉틀 옆에 있던 기억이 있는데 그 자취는 알 수가 없다.

그리고 어머니께서 손수 길쌈으로 장만한 삼베이불이 있다. 두 딸과 며느리 몫으로 오랜 세월 간직하셨다고 한다. 세필의 삼베를 재단하여 우리에게 자연섬유의 시원함을 선물로 주셨지만 정작 부모님께서는 자투리 삼베를 이은 낡은 삼베이불을 덮고 계셨다. 삼남매에게 여름살이 이불을 손수 짠 삼베로 만들어 주신 정성과 사랑은 요즘 흔히 부러워 하는 장인들의 명품 핸드메이드 같은 것 보다 더 값진 건 아닐까. 한 올 한 마디가 씨줄 날줄 수 없는 북을 다룬 땀과 노동으로 이룬 결정체다.

옛 어머니들은 힘든 삶을 어떻게 견뎌냈을까. 졸음과 씨름하며 아기를 안고 젖을 물려가며 베틀에 앉아 밤 이슥하도록 베를 짰다는 할머니의 이야기는 전설처럼 들렸다. 현대의 생활은 기계화된 편리에 적응되어 고마움을 잊고 사는 것이 사실이다. 풋나물 한 잎, 실한 오라기도 귀하게 다루시던 어른들의 생전 모습을 떠올리면 정신이 번쩍 들 때가 있다.

아버님이 쓰시던 유건과 도포, 바지저고리와 조끼, 마고자까지 모두 조상에 대한 예를 갖추는데 사용되던 유품이며 이 또한 어머니의 작품들이다.

아버님 직장생활 하실 때 사용한 아주 알이 작은 주판은 지금은 보기 드문 물건, 비록 환금성이나 생활에 필요로 하지 않는 오래된 물건이지만 우리 가족문화의 역사, 돈으로 환산할 수 없는 가치야말로 내가 붙들고 있는 이유다.

시어머니, 친정어머니의 체취가 배어있고 가족에 대한 더없는 희생과 사랑의 흔적이 묻어나는 소장품들. 오래전 이야기가 담겨 있고 정이 든 물건들을 비좁은 집안에 소장한다는 것이 집착일까.

내가 아니면 눈 여겨 보지도 않을 그 속에서 살아 꿈틀거리는 소리들이 나의 세월을 거꾸로 일으켜 세워준다.

사람의 관계도 오래된 사이에는 묵은 정이 깊다. 일상 사용하는 집기들도 새 것보다 오래 사용하여 손에 익은 것들이 만만하고 더 편하다.

단순하게 살고 싶다. 머리로는 그러한데 구태를 벗지 못하는 초라함이라니, 이제부터라도 훗날 남은 가족들의 수고를 덜어주려면 비우는 학습도 해야겠다는 생각이 든다.

장수의 비결

경로우대로 '어르신 교통카드'를 발급받던 날, 야릇하고 묘한 기분이 며칠 동안 가시지 않았다. 생물학적으로는 타당하지만 정신적으로는 노인의 준비가 되지 않은 상태라 따로 혜택을 받는다는 것이 결코 반가운 일은 아니었다.

우리 연배의 모임에 나가 식사를 하면서도 꺼내는 화두는 늘 건강에 관한 것이다. 기상이 펄펄하던 분들도 건강을 자신하는 사람은 드물다. 이미 고령화 사회에서 고령사회로 들어서고 있는 우리나라, 100세 시대에 살고 있는 오늘날 노인 문제는 우리사회가 풀어가야 할 큰 과제라고 할 수 있다.

나이 탓인지 티브이를 볼 때도 자녀들과는 달리 건강에 대한 프로를 관심 있게 보게 되는데 요즘 들어 이비에스에서 방영하는 프로 '장수의 비밀' 을 즐겨본다. 살아가는 모습들은 인연 따라 각양각색, 장수 하는 분들의 면면을 살펴보면 특별한 비결이나 방법이 따로 있는 것은 아니다. 대가족속에서 화목하고 안락하게 노후를 보내는 분도 있지만, 대부분 고향산골에서 주어진 환경에 순응하며 자족하는 노인들이다.

팔순 노부부께서 힘든 농사일을 때 놓치지 않고 손발 척척 맞춰가며 해 내는 모습을 볼 때, 존경과 찬사를 보내지 않을 수 없다. 할아버지의 새참을 싸들고 들판으로 가신 할머니는 연신 할아버지의 땀을 닦아드리고 서로 격려하며 힘을 보태는데 오랜 동거의 연륜이 자연스레 묻어난다. 밥상을 마주하고 서로 수고와 격려를 아끼지 않는 노부부도 젊은 시절에는 소중함을 모르고 표현을 못했을지도 모른다. 80평생을 부부가 함께 해로한다는 것은 큰 축복이다. 살림살이 풍족하지 않지만 땀 흘려 지은 귀한 농산물은 객지의 자식들 몫이다. 택배상자를 꾸리며 마냥 뿌듯해 하시는 부모님의 정성, 친척들이 동네 이웃이니 오고가는 인정 속에 외로움을 모르고 소박하게 사는 노부부의 생활이 참으로 건강하다.

제주도의 해녀, 91세의 할머니는 최고령이다. 지금도 물질을 하시는데 젊은 사람이 못 따라할 고난도 잠수 실력의 소유자로 쉬지 않고 바다로 나가신다. 전복이며 해삼 소라 미역 등, 해산물이 가득한 망사리를 들고 올라오시는 모습은 가히 감동이다. 일할 수 있는 게 큰 즐거움이라고 하시며 100살까지는 할 것이라는 다짐에 자신이 넘쳐난다.

70세를 훌쩍 넘긴 태권도 할머니, 단련된 할머니의 격파실력은 건강한 생활의 표상, 늦게 배운 태권도로 탄탄한 근육질을 자랑하신다.

최근에 출연하신 101세의 할아버지, 할머니와 사별하고 작은 아들네가 모시고 산다. 판소리로 건강을 지킨다는 할아버지는 경연대회도 빠지지 않고 참가해서 상을 받는 건 물론이고 봉사활동까지 하시는 그 부지

련함은 믿기지 않을 정도다. 가르치는 장소에 가시려면 성남에서 서울 시내까지 대중교통을 몇 번씩 갈아타야하는 불편을 마다하지 않고 계단을 수없이 오르내리시는데, 한마디로 고개가 절레절레 입이 다물어지지 않는다.

대본도 없이 수궁가의 가사 하나 틀리지 않고 쩌렁쩌렁 장단에 맞춰 추임새까지 곁들이니 어찌 100세를 넘긴 노인이라 짐작하겠는가. 판소리 의상이며 방 청소와 정리정돈을 손수 하시는데 그 연세에 청력까지 좋다고 하니 불가사의가 아닐까 느껴졌다.

80세가 넘은 멋쟁이 화가 할머니, 그 열정에는 마냥 부러움이 앞선다. 지금도 붓을 놓지 않고 제자들에게 그림을 가르치고 짬짬이 일본어 봉사활동을 하시는데 단정한 옷차림에 화장을 하시는 솜씨가 예사롭지 않다. 아무리 주름살이 많아도 여자는 가꾸고 정갈해야 한다며 연신 분첩을 꺼내 화장을 고치는 세련된 할머니, 바쁜 생활이 늘 행복하고 기쁘다고 하신다. 그림에 둘러싸인 할머니의 밝은 표정에서 절로 느껴진다.

농촌에서 대가족으로 살고 계시는 90세를 넘긴 할머

니는 아무리 만류해도 거르지 않고 한사코 텃밭으로 나가신다. 김을 매고 고추를 따서 말리는가 하면 큰 밭떼기 배추농사에 정성을 다하신다. 알고 보니 여러 명의 아들, 딸네 김장이며 사돈네 김장까지 계산하고 하신단다. 힘은 들지만 아들 며느리에게 당신이 살아있는 동안만이라도 해주고 싶은 어머니의 간곡한 인정을 불평 없이 받아들이는 아들 며느리의 효성도 손꼽을만하다.

김장하는 날은 큰 마당이 흡사 김치공장을 연상케 하는 배추와 무의 신선한 난장판이다.

그 때도 할머니는 절임배추를 뒤적여가며 손을 놓지 못하시는데, 그 부지런함이란 당할 수가 없겠다. 작고 여윈 체격에 허리까지 굽었는데 힘든 밭일을 왜 놓지 못하시는가의 질문에 평생 하던 일이라 가만히 있으면 오히려 더 병이 난다는 할머니, 당신의 방은 늘 깨끗하게 닦고 손바느질도 하신다.

산허리에 기대어 양지바른 산골동네 92세의 할머니, 결혼 안 한 70이 된 막내아들과 산다. 이웃에 큰아들이 분가해 살고 있지만 약간의 장애가 있는 독신 아들걱정에 따로 살고 있다. 혹한의 산골추위에 대비하여 아들은 땔감을 해 나른다. 어머니의 따뜻한 겨울을 위해 지게를 지고 매일 산에 올라 나뭇짐을 나르는데 너무 무겁게 하지 말라는 어머니의 성화에도 우직하게 열심이다. 할머니는 아들의 낡은 옷을 꿰매고 무거운 나뭇짐에 살이 빠졌다며 보양식을 끓인다. 은행심부름도 못하는 아들걱정에 통장을 챙기며 더 오래 지켜주고 싶은 심정을 강조하시는 할머니의 모성애가 눈물겨웠다.

친정 부모님을 일찍 여읜 우리 형제들은 단명의 가능성을 잠재적으로 인식하며 살아 왔다. 그러나 형제들은 부모님 돌아가실 때의 나이를 훨씬 뛰어넘어 살고 있다. 현대의학의 발달과 의료시설, 건강에 대한 관심의 저변확대로 평균수명이 늘어난 덕을 톡톡히 보고 있는 셈이다.

장수의 근본 조건은 유전적인 요소도 있겠지만 후천적으로 삶을 지향하는 방법이나 몸을 운용하는 의지와 관리가 더 중요하다고 생각된다. 외롭지 않은 가족 간의 사랑과 이웃이나 친구들과의 좋은 관계는 건강한 삶의 질을 높여주기 때문이다.

노령인구가 늘어나면서 노인요양병원이 부쩍 늘어나고 있는 추세, 흔히 현대판 고려장이라고 말하는 사람들이 있을 정도인데 생명연장의 목적으로 외로운 고통의 나날을 버텨야 한다면 오래 산다는 일이 재앙이라는 생각도 든다.

가족의 해체로 독거노인의 증가도 심각한 문제라 하겠다. 국민소득이 높아졌지만 오히려 예전보다 고독사로 스러져 가는 사람들이 증가한다는 것은 경계해야할 일이다.

어느 설문조사를 보면 자식과 같이 살기를 원하는 사람보다 노부부가 따로 살기를 원하는 사람이 압도적으로 많았다. 아직 노인복지가 충분하지 못한 우리네 실정에 노후준비 없는 서민의 삶은 답답하고 비참할 뿐이다.

인생행로에서 생로병사를 누가 피해 갈 수 있을까. 다만 주어진 환경에서 무리하지 않고 순명을 받아들이는 지혜와 용기로 하루하루 감사하며 사는 학습이 필요하다는 생각을 해본다.

'장수의 비밀'을 통해서 본 그분들은 결코 부자이거나 호사를 누리는 사람은 드물다.

소찬으로 간소한 식생활과 몸을 많이 움직이고 나누는 마음이 넉넉하다. 좋아하는 취미활동은 노년을 더욱 아름답게 가꾸는 활력소, 욕심을 내려놓고 매사에 긍정적이며 현재의 생활에 만족한다. 별다른 기술이 아닌 이웃이나 가족 간의 사랑과 배려, 소통과 친화력이 비결이 아닐까 싶다.

이젠 너무 늦어서, 나이가 많아서, 자신이 없다고 아예 포기하고 게으름을 피우는 우리 같은 범속한 사람에게 모두 귀감이 되는 장한 어르신들, 노력하지 않는 무병장수는 불가능하다는 진리를 깨우쳐 준 그분들이 생애 마지막까지 행복하셨으면 좋겠다.

제3부

비 오는 날의 산책

비 오는 날의 산책 / 사람이 되고 싶다 /
히로시마의 눈물 / 등燈 / 병풍屛風 이야기

비 오는 날의 산책

아침에 눈을 뜨니 창밖에 빗소리가 들린다. 아파트 20층에 살면서 틈만 나면 바깥의 지상으로 나가고 싶은 충동이 자주 일어난다. 코로나 19의 시국에 제한된 생활 영역이 답답하고 우울한 나날, 오랜 가뭄에 단비가 반갑다. 창문을 열고 바깥을 보니 빗줄기가 가늘고 바람이 불지 않아 촉촉하게 내리는 빗소리가 정겹게 느껴진다. 바깥으로 나와 우산을 펼치고 운동기구에서 스트레칭을 하노라니 또 다른 활력과 재미가 있다. 운동기구장 울타리 펜스 옆으로 키 나란히 하고 무리로

서 있는 라일락이 비바람에 흔들린다. 화살나무와 어우러져 무리지어 서 있는데 가만히 살펴보니 이제 꽃망울을 자잘하게 달기 시작했다. 전지작업에 잘려 나가고 남은 줄기에서 늦게라도 꽃피우려는 안간힘이 엿보인다.

코로나19라는 유례없는 질병의 공포에서 무너진 일상, 긴 터널이 어디쯤인지 답답한데 그나마 아파트를 둘러싼 수목, 꽃들과 눈 맞추며 걷는 즐거움이 큰 위로가 된다.

유월의 첫 휴일 아침, 1000여세대가 모여 사는 아파트에 기척도 없이 사방은 고요하다. 비가 오는 날의 놀라운 현상이다. 석가산 연못을 돌아보니 어제 피었던 수련이 다시 봉오리가 되었다. 하얀색과 보라색 수련이 꽃잎을 활짝 열어 예뻤는데 빗소리에 놀랐을까 비단잉어들도 바위 밑으로 숨었는지 모습을 보여주지 않는다. 아파트 정원에서 가장 먼저 봄을 알리는 꽃은 민들레다. 키 낮은 노란 꽃무리는 앙증스럽다. 백목련이 피면 이팝나무도 덩달아 하얗게 손 흔들며 피어난다. 화단을 둘러싼 철쭉이 샘하듯 무리지어 꽃망울을 터뜨리는데 빛깔도 다른 자산홍, 산철쭉, 영산홍, 하얀 철쭉 꽃 잔치에 눈이 부시다. 걸으면서 이름표를 달고 있는 나무들을 만나는 즐거움에 발걸음이 가볍다. 매화꽃, 살구꽃, 덩달아 벚꽃도 환호하며 피는데 이팝나무도 하얗게 손을 흔든다. 담장이나 울타리에 숲을 이루는 병꽃나무는 처음 알게 된 꽃인데 오래도록 분홍빛 꽃 물결이 되어 출렁이는 꽃무리가 장관이다. 꽃들이 지고나면 크고 작은 나무들의 새순 틔우기 경쟁이 나날이 달라진다.

떡갈나무 같은데 이름은 목백합 처음 보는 나무다. 광나무, 칠백나무, 쥐똥나무. 각종 다른 나무들이 어우러져 하늘거리는 신록은 나날이 푸르러 신선한 기운이 넘친다. 감나무가 몇 개의 열매를 달았는지 살펴보니 지난 해 결실이 없던 나무에 올 해는 귀여운 열매를 달고 있는 것도 신기하다. 개성이 다른 나뭇가지에서 푸르른 새 순이 피어나고 나날이 뽐내는데 '자연을 따라갈 수 있는 예술가는 없다'는 말에 절감하게 된다.

3년 전 처음 이사를 함께 온 이웃 아우가 접시꽃 씨앗을 가져와 양지바른 화단 앞자리에 묻었다. 이듬해

파릇하고 건강한 새순이 올라와 반가워했다. 연례행사인 조경관리가 시작되고 접시꽃 새 모종은 잡초와 함께 무참히 잘려나갔다. 아쉬웠지만 불가피한 일, 다음해도 싹을 내밀었지만 예초기의 칼날을 피할 수는 없었다. 그런데 올 봄에 그 자리에서 실한 꽃대를 올리고 마디마디 꽃망울을 달고 당당하게 서 있었다. 같은 시기에 조경관리를 했는데 빠르게 꽃대를 올려 존재감을 과시하고 생존하려는 끈질긴 생명력에 모두가 놀랐다. 잡초가 아니라 당당한 꽃밭의 식구로 살기 위해서 혼신을 다해 일찍 꽃대를 올려 살아남은 기운으로 자줏빛 꽃송이와 마디마디 봉오리를 맺고 훌쩍 높이 자랐다. 자주 지나다니는 골목길 전봇대 틈새에 봄이면 어김없이 접시꽃이 피었다. 사방이 아스팔트로 포장된 메마른 길가 시멘트기둥의 틈을 뚫고 올라와 핀 접시꽃, 아무리 척박해도 생존하려는 원초적인 저력이 참으로 놀랍다.

지난 주 시댁 형제들이 오랜만에 봄나들이를 하고 왔다. 작년에는 서울 강남에서 치르는 조카결혼식 예약이 취소되어 서울행이 무산되었다. 오월 마지막 주말에 다른 남자조카의 결혼식인데 서울의 어느 갤러리 야외 결혼식에 참석이 가능하다며 형제들이 함께 참석하기로 했다. 미국에서 학업을 마치고 취업하여 이민자인 신부를 맞이하는데 신부 측 하객이 없어서 참석하면 좋겠다는 당부가 있었다.

오랜 시간, 경조사나 모임, 교류가 불가했던 터라 당일 돌아오기는 아깝다며 4박5일로 일찍 떠나자는 시누이의 제안에 한목소리로 좋아했다. 서울에서 오래 터를 잡고 사는 큰 시누이 집에서 첫 밤을 보내고 다음날 일찍 강화도로 향했다. 화창한 날씨는 계절의 여왕 오월을 뽐내고 우리들 마음도 한껏 푸름에 젖었다. 자연사 박물관을 돌아보고 석모도 보문사에 오르며 500년 살아온 은행나무도 만나고 산중턱 높은 곳에 마애불상도 뵈었다. 내려오는 길에 밴댕이회무침과 꽃게탕으로 만찬을 하고 저녁 숙소에서 강화도의 바다와 갯벌 후포 항 너머로 스러지는 노을도 함께 바라보며 회포도 풀었다.

다음 날은 전등사 가는 날, 우거진 숲길 따라 오르는

데 싱그러운 숲의 향기와 청아한 산새소리, 신선한 바람결과 산기운에 우리 모두 사로잡히고 말았다. 고찰의 위용을 갖추고 대웅전 뜨락에 400년을 지키고 서 있는 느티나무 아래 벤치에서 나무의 생애, 기상을 바라보며 충만한 기운에 매료되어 역사의 수난과 영욕을 견디어 온 거목 앞에서 절로 숙연해졌다.

봄날의 여정 마지막 날은 양평의 두 물 머리다. 북한강과 남한강이 만나 이룬 강, 나룻배는 쉬고 있고 많은 사람들의 휴식처로 건너편 작은 집들이 보이는 아름다운 풍경은 자연과 잘 배치된 한 폭의 그림 같았다. 평일이라 덜 붐빈다고 했는데 날씨가 좋은 오월이라 나이 많은 부모님 휠체어로 모시는 젊은이도 만나고 산책로 따라 걷기에도 너무 좋은 코스다. 여름에는 연꽃이 피어 운치를 더해줄 연못도 지나면서 강바람과 아름드리나무가 펼치는 봄의 향연에 흠씬 빠져 들었다. 멋진 포즈를 연출하며 사진을 촬영하는 젊은이들의 싱그러운 활기가 넘쳐나는 두 물 머리, 맛 집도 많고 풍경도 아름다운 서울 근교에 나들이 장소로 바람 쐬기는 좋은 휴양지다.

시댁 인연으로 맺어진 형제들이지만 우리는 자주 만나고 뭉치는 정 도타운 형제들이다. 우애를 다지며 노년을 살아가는데 서로의 결핍을 보듬어주고 배려해 주는 따뜻한 사이로 자주 만날 수 있으니 감사하다.

결혼식 참석을 마지막으로 마치고 돌아오는 날, 가만히 생각해보니 너무 과분한 호사를 했다는 생각이 들었다. 일행이 모두 다녀온 코스인데 초행길인 나의 의견을 따라 선뜻 함께 해준 동기간들의 배려가 한없이 따뜻하다. 우리는 해외여행도 늘 함께 해 온 찐 멤버들이다. 아름다운 봄나들이 그 추억에 젖어 걷노라니 90분의 시간이 지났다. 세월은 빠르게 흐르고 건강도 예전 같지 않다. 욕심은 내려놓고 자연의 순환을 음미하며 일상이 된 걷기 운동을 멈추지 않고 오래오래 할 수 있기를 기원해 본다.

추억이 된 봄나들이, 행복했던 상념에 젖어 걷다보니 1시간이 훌쩍 지났다. 7000보가 넘었으니 만보걷기 실천에는 부족하지만 그래도 아침 일찍 오롯이 혼자 걸을 수 있었던 것은 추억과 함께 촉촉이 내리는 빗소리 덕분이다.

사람이 되고 싶다

날씨가 추워지면서 바깥나들이가 줄어들었다. 마침 날씨도 쾌청하고 햇살이 포근하게 느껴지는 오후, 약수터에 올라갔다. 다른 계절에 비하면 한산한 편이지만 늘 운동을 즐겨하는 사람들은 쉬지 않고 가까운 약수터를 오른다. 바람결이 마른 나뭇가지를 흔들지만 숲속에 들어서니 한결 시원하고 답답하던 가슴도 확 트인다. 시원한 물 한 잔 마시고 운동기구에서 몸을 풀어본다.

산 아래로 낙동강 하구 둑이 보이고 회색빛 도시의

자동차 행렬이 가물가물 이어지고 있다. 싸한 산 기운에 동짓달 짧은 해가 기울기 전에 서둘러 산을 내려오는데 숲속 언덕배기에서 사람이 뒹굴고 있는 모습이 보였다. 지나는 길이라 혹시 다친 사람이 아파서 호소하는 게 아닐까 하고 가까이 가서 살펴보았다.

손에는 술병이 들려있고 구두와 핸드백, 외출복으로 치장을 한 여자는 빤히 올려다보더니 무슨 상관이냐며 눈을 부릅뜨는데 다친 것은 아니구나 싶어 그냥 등을 돌렸다. 발걸음을 재촉하여 산길을 내려오는데 그녀가 다시 뒹굴며 "짐승이 되고 싶다. 나는 짐승이 되고 싶다."는 절규가 귀청을 울렸다. 무슨 사연이 있어 추운 날씨에 노천에 누워 저리도 괴로워하는 것일까. 각양각색 요즘 세상이 많이 달라졌다고 하지만 이해하기에는 중년을 넘겼을 나이가 걸렸다.

산을 내려오는 동안 "짐승이 되고 싶다"는 그녀의 야성적인 외침이 많은 생각을 갖게 했다. 무너져 내리는 가슴을 어쩌지 못해서 술의 힘을 빌려 분출하는지도 모른다. 사람의 본성은 원래 선하기 때문에 근본적으로 누구나 사람답게 살려고 노력한다. 타고난 재능과 그릇대로 각양각색의 삶을 그려내기 위해 있는 힘을 다하며 날을 보내고 해를 넘긴다. 세상을 빛내는 위인이나 크게 공헌을 하는 특별한 인물이 아닌 보통사람들은 큰 욕심 없이 소시민적으로 살아가는 게 일상이다.

사회라는 큰 톱니바퀴 어느 구석엔가 맞물려 그 몫을 담당하고 가정이라는 구성단위를 지키며 살아가기 위해 안간힘을 다한다. 평범하고 예사로운 일 같지만 사람답게 참되게 산다는 것이 결코 쉬운 일이 아니다. 자기의 의지와 관계없이 재난도 만나고 실패라는 깊은 수렁에도 빠져드는 인생행로는 결코 녹록한 여정이 아니다.

하루가 다르게 복잡하고 다변하게 돌아가는 세상을 헤쳐 나가려면 개인적인 역량도 우선하겠지만 사랑이 넘치는 가족들과 단단한 울타리가 있는 가정이라는 생각이 든다. 대가족으로 결속해서 살아가던 예전과 달리 혼자서 밥 먹고 혼자서 술 먹는 일이 보편화 되고 고독사가 빈번하게 보도 되는 현실이 우리 앞에 와 있다.

노인의 삶도 힘들지만 젊은이들도 힘든 세상, 경제 활동의 뒷받침에는 어머니들의 헌신적인 사랑이야말로 절대적이며 최후의 보루인 가정을 사랑으로 결속시키는 우리 주부들의 역할이 막중하다는 걸 새삼 깨닫는다.

당장은 최저생계의 해결이지만 가장 두려워하고 경계해야 할 점은 피폐해지는 가정문화와 도덕성이 아닌가 싶다.

우리 아파트 아래로 시장 내려가는 길목 담장 옆에 고물을 수집하는 할머니의 리어카가 있다. 나가는 길에 수시로 마주치는데 늘 웃는 모습으로 인사를 건네는데 굽은 등허리에 겨울바람과 맞서서 수집해 온 폐지며 고물들을 분류하는 모습은 치열한 삶의 결정체다.

지난해 할머니는 함께 살고 있던 큰아들을 먼저 저 세상으로 떠나보냈다. 며느리와 손자가 고물 수집을 한사코 만류하지만 놀고 있는 것 보다 움직이는 노동이 훨씬 편하다는 말씀을 강조하시는 할머니, 어쩌면 아들의 빈자리를 한시라도 잊기 위한 몸부림일까. 칼

바람과 맞서서 힘든 리어카를 끌고 또 끌어 모정을 쏟아 붓는다. 외출에서 돌아올 때 큰 길 건너에서도 손 흔들어 반가운 인사를 보낸다. 양파 한 자루 마늘 한 자루를 당신 손으로 살 수 있는 자신감이 충만한 할머니, 그나마 움직일 만큼 건강하시니 행복지수가 낮은 노인이 결코 아니다.

처음에는 노인이란 애잔함에서 시작된 할머니와의 만남이 긍정적인 삶의 의지를 엿보며 친해진 이웃이 되어 어젯밤에도 모아둔 폐지며 무게가 있는 고물을 실어 리어카에 얹어놓고 왔다.

육체적인 건강 못지않게 정신적인 건강과 사회적인 건강이 중요하다는 걸 나이 들면서 절실히 느낀다. 올해 세밑에도 할머니와 마주앉아 따뜻한 밥 한 끼 먹고 싶다.

산길에서 뒹굴며 "짐승이 되고 싶다"는 그녀의 내면에는 결코 짐승이 되고 싶지 않은 절절한 자기 최면을 걸고 있는 게 아닐까. "나는 사람이 되고 싶다"는 환청을 들으며 혼잡한 대로변에 섰다. 한 해의 끝자락에 서서 저마다의 삶의 무게가 조금씩 가벼워지고 어둡고

긴 터널을 빠져나와 초록불의 신호등이 켜지기를, 다가오는 새해 이웃들이 함께 건강하고 행복하기를 소망해 본다.

히로시마의 눈물

일본의 큰아버지로 부터 초청을 받았다. 몇 번 다녀가신 큰아버지 내외분과는 친숙하지만 언어 소통이 불편한 사촌 형제들을 난생 처음 만난다고 생각하니 마음이 설레었다.

큰댁은 히로시마 시내 조용한 주택가에 있었는데 분가하여 살고 있는 사촌형제들이 가족을 동반하고 긴 다다미방에 모두 모였다. 방문위의 높은 벽에는 조부모님 사진이 나란히 걸려 같은 자손들이 반세기만에 모인 자리를 환영해 주시는 것 같았다.

피는 물보다 진한 때문일까 유창한 큰어머니의 통역이 있었지만 눈빛, 표정만으로도 우리는 금세 어우러졌다.

7남매 중 2남인 아버지는 소학교 때 할아버지를 따라 대가족이 히로시마에 이주移住하셨다. 그 곳 상업학교를 졸업하고 경성(서울)에 직장을 얻어 단신으로 귀국하셨는데 몇 달 만에 해방을 맞은 아버지의 운명은 이산離散의 아픔으로 이어졌다. 나라를 찾은 우리 민족의 감격은 컸으나 개인적으로 부모 형제와 하루아침 내왕할 수 없는 기막힌 현실이었다. 고향 쪽 어른들의 권유로 가정을 이루어 외로움을 달랬지만 부모님 생전에 뵙기를 꿈결에도 소원 하셨다.

그 후 20년 만에 고대하던 한일국교 정상화로 동경올림픽 때 초청되어 극적인 해후를 하여 그 한을 풀었다. 그러나 이제는 조부모님도 부모님도 이 세상분이 아니다.

우리는 제일 먼저 조부모님 산소에 성묘를 갔다. 할머니 돌아가신 후에 할아버지는 병든 노구를 이끌고 생전에 며느리와 손자들을 보겠다며 처음 고국에 오셨다. 무리한 탓에 지병이 악화 되어 급한 수혈이 필요했다. 같은 혈액형인 나의 헌혈로 위기를 모면 하셨지만 얼마 못사시고 부음訃音을 들었다.

한창 약동하던 나의 피가(스무살의) 할아버지의 혈관을 돌아 발그레 홍조를 띠던 순간을 떠올리며 나는 꽃다발을 올렸다.

큰아버지는 가슴에 깊은 상처를 안고 사시는 원폭 피해자다. 1945년 8월 6일 히로시마에 투하한 원자폭탄은 삽시간에 폐허로 휩쓸었다고 한다. 일을 나갔다가 쓰러져 기어 오셨는데 무더운 날씨에 구더기가 생겨 치료에 어려움이 많았다고 회고 하시는 입가에 경련이 일어났다. 대가족을 부양 할 가장이 당한 참화가 몰고 온 집안사정이 어떠했을까 짐작이 가고 남는다.

큰아버지와 평화공원에 가려고 거리로 나선 날은 날씨도 화창했다. 전차 종점에 세워 놓은 수많은 자전거를 지키는 사람이 없다는데 놀라웠다. 대중교통 수단으로 건재하고 있는 전차를 타고 신기하기도 했다.

시내 교통의 중심지에 조성된 평화 공원에는 돔 식 건물의 앙상한 골조만 남은 '산업 장려관' 잔해 「원폭 돔」이 보존되어 있었다. 평화공원 중심지에는 평화기념 자료관이 있어 당시의 증거물들이 사진으로, 또는 실물로 전시되어 있었다. 인명은 물론 지상의 모든 것을 앗아갔다는 '검은 비'와 죽음의 재가 쏟아졌던 거대한 '버섯구름' 사진에는 투하 후1시간 미군 촬영이라고 씌어 있었다. 8시30분에 멈춰 있는 손목시계는 비극의 시각을 알렸고 다음날 8월 7일의 코너엔 전쟁이 몰고 온 참담한 상흔들과 그 당시의 자료들이 여러 형태로 전시된 전시관을 둘러보며 수많은 사상자와 파괴의 흔적들이 나를 전율케 했다.

희생의 순간까지 꼭 붙들고 있는 모녀. 입고 있던 옷의 문양이 그대로 화인되어있는 어깨와 등허리의 처절한 모습. 살점이 떨어져간 순간의 생생함은 다시 한 번 원자폭탄 위력을 상기시켰다.

화사한 봄 햇살에 반짝거리는 벚나무들이 눈부신 공원 숲에는 유치원 아이들의 비둘기 떼와 어울려 그림 그리는 모습이 보였다. 그들은 흡사 역사의 현장에서 전쟁의 상처를 지우고 평화를 곱게 채색하러 온 천사들의 풍경이었다.

공원 안에는 각국의 희생자 위령탑이 각양의 조형물로 세워져 오색의 종이학이 헤아릴 수 없는 무리가 되어 꽃다발에 묻혀 있었다. 그러나 희생자가 많았던 우리나라 위령탑은 공원 바깥에 외로이 서 있었다. 민단과 조총련의 통일 된 이름을 갖지 못하여 그렇다는 슬픈 이야기다. 남북 분단의 서러움도 클진대 타국에서까지 민족의 이념 노선으로 갈등하고 있는 데 가슴 아팠다.

시신과 피로 물들었던 공원 앞 상생교가 있는 냇가엔 유유히 보트가 떠 있고 이제는 전쟁의 상흔을 지우듯이 신흥도시의 질서 정연한 모습을 보이고 있었다.

히로시마에 머무는 동안 사촌 형제들이 돌아가며 나를 데려갔다. 지진과 습도를 우려한 때문인지 주거 형태는 대부분 단독 이층의 목조 가옥이었다.

어느 날 둘째 동생이 저녁 초대를 했는데, 그 올케는 유일하게 조총련계 교포2세다. 한국식 음식도 맛이 있었지만 우리말을 능숙하게 구사해 더 없는 애정을 느꼈다. 반공의식에 의한 나의 선입견이 부끄러웠다. 우리 것을 아끼고 모국어를 사랑하는 그녀를 보고 뿌리

교육의 차이를 엿 볼 수가 있었다.

유태인들은 나라 없이 각국에 흩어져 살아가는 동안 오랜 세월에도 어머니의 품속에서 아기 때부터 남몰래 모국어를 계승시켜 나갔다고 한다. 하물며 내왕이 가장 빈번한 이웃 나라에 살면서 한마디 우리말을 모르는 거류민단 교포2세인 식구들이 안타깝게 보였다.

고희를 넘기신 큰아버지는 피폭자 연금과 국민연금으로 생활에는 어려움이 없다고 하신다. 그러나 틈틈이 일을 나가시는 노부부의 근검절약 정신과 타국에서의 여생에 나도 모를 연민의 한숨이 나왔다.

기계처럼 바삐 움직이는 경제 활동에 자극이 된 것일까. 몇 군데 관광을 마치고 가라는 만류를 뿌리치고 불현 듯 돌아가고 싶은 충동을 느꼈다.

우리 가족의 회한과 그리움의 질긴 연緣이 얽힌 히로시마.

할아버지 할머니, 두 분의 고모님마저 묻힌 땅. 남은 혈육들이 살다가 그 흙으로 돌아갈 이역異域. 기내 상공에서 본 히로시마는 눈물과 한으로 떠오른 한 자락 섬이었다.

인간에게 가장 원초적인 피붙이를 갈라놓는 것은 참으로 가혹한 일이다. 지구촌 어디라도 길이 트인 세상인데 하루 속히 남북의 장벽을 허물어 이산가족의 한을 풀어 주었으면 하고 기원해 본다.

조국에서 가족 친지들과 부대끼고 어울려 뿌리를 내린다는 것은 얼마나 복된 삶인가.

돌아올 곳이 있다는 것, 나를 기다리는 가족이 있다는 행복감도 11일 만의 귀로에서 얻은 깨우침이다.

공항 출구에서 남편과 딸아이가 손을 흔들어 보였다.

등燈

내가 자랄 때 산골 마을에는 전깃불이 없었다.

무더운 여름밤이면 일몰 전에 모든 일과를 끝내고 저녁 식사도 일찍 마쳤다. 하루살이 떼와 모기들의 극성 때문에 등불을 끄고 마당에 모깃불을 피우며 하늘의 별을 헤곤 했다.

그런데 때때로 등불 가까이 앉은 어머니의 다림질은 꼭 밤에 시작되었다. 형제 중 맏이인 내가 푸세 한 여름살이 많은 옷을 같이 잡는 일은 무덥고 졸음 오는 일이었다. 뜨거운 숯다리미 손잡이를 들고 열심히 문지르는 어머니와 맞잡고 당겨야 하는데 어쩌다 내가 놓쳐 흰옷에 숯검정을 묻히기도 하고 무릎을 스쳐 데이기도 하던 기억이 아련하다.

외할머니의 기일忌日은 칠흑 같은 동짓달 밤이었다. 음식을 장만하느라 온 집안이 부산하게 움직이는 틈새를 오가며 나는 지칠 줄 모르고 신이 났었다. 함지박에 제사 음식을 이고 골목을 나서는 외숙모님의 길을 밝히는 등 잡이는 내가하는 일이었다.

새벽 칼바람을 가르며 추위도 잊고 이웃 집집마다 잠을 깨워 인심을 나누던 미풍이 있던 시절이었다.

등은 단순한 사각 살대에 유리문을 끼운 것이었는데 불이 행여 꺼질까 조심 하느라 힘이 들었던 것 같다.

사방이 검은 장막 속에 잠겼던 그믐께 밤이 지나고 초순을 넘어서면 어둠을 걷어내고 휘영청 밝은 달빛, 축복이라도 내리듯 그 존재는 참으로 위대해 진다. 달빛은 세상 근심을 감싸 주기도 하다가 때로는 마음을 흔들어 잠 못 들게도 하였다. 요즘 같은 불빛의 홍수 속에서는 언제 달이 뜨고 지는지 모르고 지나간다.

시간을 내서 고향의 달을 보리라 벼르고 있던 몇 해

전. 정월 대보름날 숙부님의 회갑연이 있었다. 동네 사람들의 음식잔치인 낮의 행사가 끝나고 둥실 보름달이 떠오른 저녁 꽹과리와 징소리로 한마당 들썩 거리도록 흥은 고조되었다. 나는 자리를 빠져나와 달을 맞으러 들판 쪽 으로 나갔다.

달이 뜨기 전 일찍 동산에 올라 달집 태우는 구경도 하고 달을 향해 소원을 빌던 어릴 적 환영이 달무리 되어 비춰왔다. 그러나 뜻밖에도 달빛은 옛 그대로가 아닌 것 같았다. 세월의 흐름만큼 그 빛이 바래어진 것일까, 유심히 관찰해도 나의 어릴 적 가슴 깊은 곳까지 파고 들 듯한 그 달빛이 아니라는 생각이 들었다. 산골 구석구석 전깃불이 켜진 때문일까. 어느새 저 달빛보다 더 밝은 촉수의 등불에 길들여진 문명의 탓인지도 모른다.

현대생활의 기본은 전력 없이는 불가능한 시대에 우리는 살고 있다. 많은 전력소모를 요하는 가전제품이며 거실의 현란한 조명등, 공간과 용도에 따라 모양과 밝기, 그 다양함이 한이 없다. 현관에 들어서면 자동으로 감지하여 켜지고 꺼지는 문명의 이기는 날로 발전을 거듭할 것이다.

우리 마을에서 전기 혜택을 본 것은 방앗간 덕분이었다. 물레방아로 수력을 일으켜 전깃불을 한집 한등씩 켜게 되었지만 성능이 부실하여 정전되기가 일쑤이고 그나마 가뭄이 들면 물레방아는 돌지 못하고 전등알만 할 일없이 매달려 있었다.

창호지 문틈 바짝 귀뚜라미 우는 가을밤. 독서삼매에 빠져 이슥하도록 등잔불을 밝힐 때가 많았다.

집안에 경사로운 일이 있거나 명절 전후로 밤새 켜 놓은 등불은 내 의식 안에 환하고 따뜻하며 늘 정겨운 대상이었다.

내가 첫아이를 출산한 그해 여름, 갑자기 쓰러지신 친정어머니의 중태라는 전화를 받고 바삐 기차에 올랐다. 차창 밖으로 풍경을 지우면서 달리는 특급열차의 느린 속도감은 나의 가슴을 조여 숨 막히게 하였다.

택시가 집 앞에 멎었을 때 대문에 걸려 나를 전율케 한 자명등. 창창한 내 어머니의 기중忌中을 알리는 그 등은 차라리 싸늘한 어두운 그림자였다.

천둥 번개가 치고 일기 고르지 못한 밤의 예고 없는

정전이 있을 때 나는 오래 참지 못한다. 그럼에도 가끔은 적막한 어둠에 묻혀 일찍 자리에 들어 쉬고 싶을 때가 있다.

대낮같이 밝고 환한 불빛 아래서 예전의 등잔이 때때로 그리워지는 건 그 따뜻함 때문이 아닐까. 늘 창문가까이 수은등이 밤을 밝히며 섰고 주변에는 늦은 밤 아랑곳 않는 헤드라이트가 스치고 지나간다.

나는 과연 그늘지고 어두운 곳에 따뜻한 눈길을 보낸 적이 있었는가? 힘들고 지쳐있는 이웃들이나 둘레의 피붙이에게도 작은 불빛이라도 되어 본 적은 있었는지 되돌아보게 된다.

우리의 귀가 시간이 늦어 찾아 나오실 때나 뒷간 출입을 할 때에도 어머니 손에 들려 있던 은은한 등불.

가느다란 등불아래 빔을 지으시던 어머니 곁에 오순도순 모여 졸음도 잊고 책을 읽거나 정담을 나누던 그런 시절이 한없이 그리워진다.

병풍屛風 이야기

우리가 결혼할 때는 수예품을 혼수로 준비했는데 대부분 본인이 손수 만든 이불깃이나 베갯잇, 또는 방석, 책상보 같은 것이었다.

몇 년의 시댁생활을 보내고 따로 분가해 단칸방에 세 들어 살면서, 자수병풍을 마련하고 싶은 열망을 하게 되었다. 물론 미래에 필요하겠지만 당장 좁은 공간에서 소용되는 물건은 아니었다. 그러나 손이 많이 가고 시간이 걸리는 병풍자수刺繡 같은 작업은 젖먹이가 달리면 어려울 것 같아서 용기를 내게 되었다.

나는 그때 둘째아이 출산을 두어 달 앞둔 만삭의 몸으로 마음이 조급해졌다. 전문점에서 마음에 드는 완제품을 사면 손쉬운 방법이겠으나 가격도 만만치 않고 또 내 손으로 자수를 하면 보람도 클 것 같았다.

동네 근처 수예점에서 동양자수에 대한 경험이 없어도 지도를 받으면 가능 하다는 말을 믿고 작정하게 되었다. 견본을 보여 주는데 8폭짜리에 그림은 화조, 골동품 중에서 꽃과 새가 화사해 보였지만 무게가 있기는 골동품 쪽에 마음이 끌렸다. 특히 국보國寶를 선별한 그림이라는 사실이 나를 압도했다고 할까. 주저 없이 결정하게 되었다. 일주일에 한 폭씩 수를 놓아서 두 달 안에 완성하겠다는 계획을 세우고.

검정색 본견 실크 원단을 팽팽하게 수틀에 짜서 방안에 세워놓고 보니 첫 폭의 도안은 신라 태종 무열왕릉 비석碑石과 와당이 있고 아래로 청화백자青華白磁십장생十長生 문병이었다. 거북이가 우뚝 선 비석을 업은 왕릉 비는 삼국을 통일하려는 왕의 위용을 유감없이 표현한 작품이라고 할까. 섬섬옥수 꼼꼼한 솜씨를 요하는 작업인데 나의 첫 솜씨는 엉성한 자국이 역력하게 드러났다. 결이 고운 색색의 명주실은 한 땀 한 땀 새기고 나면 마음에 들지 않아도 다시 뜯어내기가 어려운 소재들이다. 만족할만한 솜씨는 아니지만 한 폭을 완성 했을 때의 성취감은 말할 수 없이 뿌듯했다. 전체를 한 번에 도안해 주는 것이 아니고 한 폭이 완성되면 새로운 수틀을 짜기 때문에 그 다음 그림에 대한 기대와 호기심이 나를 바짝 마음 조이게 만들었다.

상감청자의 비색을 음영으로 나타내는 명주실 바늘을 오르내리다 보면 자정이 넘도록 피곤도 잊고 몰입하는 시간. 흙을 빚어 항아리를 만지는 도공의 숨결을 느끼는가 하면 깨어진 기와 파편 하나도 애정이 묻어났다.

연꽃이 받치고 있는 투각 향로며 이조백자 포도 항아리, 청자상감운학문매병 어느 하나도 진귀하지 않은 게 없었다. 항아리 전체의 자수가 끝나면 금사金絲를 꼬아서 테두리를 마무리하는데 그 고운 선이 참으로 아름다웠다. 상감청자와 이조백자의 차이점도 자수를 하면서 조금씩 알게 되었다. 청자상감은 날씬하며 구름이나 학, 고기 꽃 같은 문양을 많이 새겼고 이조백자에는 포도나 산수 문양이, 그리고 품이 크고 둥근 것이 특징이었다. 한 폭씩 완성 할 때 마다 또 다른 오묘한 매력에 빠져 들었다.

살림하는 틈새에 하는 작업이라 욕심으로 진도를 내다보면 입술이 부러 트는 피곤이 엄습해 왔다. 누가 강요해서 하는 노동이라면 아마 힘들어서 포기했을지도 모른다.

국보를 하나하나 마무리 하면서 새 그림의 수틀에 다시 시작하는 날은 또 다른 설렘이 있다. 신라 봉덕사 종과 마주 앉은 깊은 밤. 에밀레… 하고 울려 퍼지는 아름다운 종소리가 들리는 듯 종 허리에는 구름에 앉아 향로를 받들고 있는 공양 천인 상이 바람에 천의 자락을 휘날리고 있는 모습은 예술의 극치를 보여 준다고 할까. 종의 윗부분에 1천자의 경전이 있는 25톤이나 되는 엄청난 무게의 범종을 어찌 한 폭의 공간에서 충분하게 표현 할 수 있을까만, 신라 경덕왕이 아버지 성덕대왕에 대한 효심이나 종에 얽힌 설화가 애잔하게 가슴을 때렸다.

보라 빛의 굽 낮은 그릇 하나에도 목련꽃 가지 문양

을 새겨 한껏 멋을 살린 우리 조상들의 손길을 더듬어 보는 순간들이 행복하게 느껴졌다. 속도에 탄력이 붙고 솜씨도 이력이 날 즈음 마지막 그림의 수틀이 주어지던 날.

앞에 완성한 것 보다 더 화려하고 아름다운 청자상감靑瓷象嵌목단국화문고형이라고 설명된 국보였다. 마지막으로 생명을 불어넣듯 정성을 쏟았다. 지금 봐도 제일 마음에 드는 상감청자다.

힘은 들었지만 성취감도 있었고 처음 계획한 목표대로 출산을 바로 앞두고 끝낸 그 희열은 나에게 벅찬 감동이었다.

나는 병풍 자수를 통해 우리 문화재에 대한 관심이 생겼고 박물관 관람을 즐겨 하게 되었다. 눈에 익은 항아리나 기왓장 하나만 봐도 친한 지인을 만나듯 반가웠다.

대만 여행 때 고궁 박물관에서 중국의 유물들을 보고 탄성이 새어 나왔는데 자수의 뛰어난 예술성도 또 한 번 나를 놀라게 했다. 글씨나 그림이 너무 섬세해서 자수로 꾸민 것이라곤 믿기지 않을 정도의 탁월한 솜씨가 동양인이기 때문에 저런 솜씨가 나왔을까 하는 생각이 들었다.

우리 서민들에게 병풍은 바람을 막거나 차단 절제의 미학쯤으로 알고 있는데 서태후가 사용했다는 냉 병풍은 또 의외의 용도였다. 48개의 비취 조각으로 만들었다고 하는데 여름의 더위를 막아주는 역할을 하는 장식 병풍이었다. 비취가 시원하고 또 보신용으로 많이 사용된 중국 황실의 분위기를 읽을 수 있었는데 병풍의 진가는 우리의 상상을 초월하는 유물이라 새삼 놀라울 뿐이었다.

대나무 토막을 조각과 그림 교대로 만든 조각씩 병풍은 또 얼마나 이채로웠던지 보는 이의 감탄을 자아내게 했다. 차분한 분위기의 유명한 글씨, 그림병풍이 볼거리로 눈길을 끌었다.

완성된 자수는 장롱 속에서 몇 년 동안 잠자고 있다가 처음 집을 장만했을 때 비로소 표구하여 병풍으로 태어났다. 미완성의 상태로 있을 때 보다 완성된 병풍의 국보들이 예상외로 빛이 나고 돋보였다.

종가인 우리 집은 시어머님 타계 하신 후 자연스레 외며느리인 내가 많은 봉제사奉祭祀의 소임을 갖게 되었다. 뒷면에 반야심경을 붓글씨로 장식해서 조상님들의 신위와 제상을 위엄 있게 받쳐 주어 요긴하게 사용하고 있다.

지난 추석에도 우리 앞에 당당히 나서서 한 몫을 한 병풍을 두르거나 접을 때 마다 나에겐 각별한 느낌이 있다.

내 젊은 날의 열정과 땀이 배어있는 병풍. 한 땀 한 땀 손길의 흔적이 남아있고 많은 이야기를 품고 있다는 자부심이 남다른 가치를 부여하는 애장품愛藏品으로 자리하고 있다.

제4부
영화 이야기

영화 이야기 / 바보 행진 / 한가위 /
단풍놀이 / 하모니카 교실 / 인도여행에서 생긴 일

영화 이야기

여름 폭염과 미세먼지에 지쳐있던 심신이 추석 지나고 아침저녁 소슬한 바람이 상쾌하다. 반갑지 않은 태풍소식에 연이어 전국 곳곳에서 피해상황이 만만치 않지만 가을은 찾아왔고 10월에 들어서니 각 지방에서 봇물처럼 축제를 알린다. 기상 때문에 취소되는 행사가 많다고 하지만 부산국제영화제는 어김없이 열렸다. 어느새 24회라니 놀라운 일이다.

해 마다 거르지 않고 몇 작품은 관람해 왔는데 세월이 유수와 같다는 말이 새삼 실감이 난다. 인기작품의 예매는 접속이 어려운 실정, 경쟁가열로 엄두를 내지 못하는데 영화의 바다로 이끌어주는 딸의 덕분으로 네 편의 영화가 예약되었다.

우리가 살고 있는 동네에서 영화상영관이 있는 해운대까지 시간 맞춰 가는 게 쉽지 않다.

문화를 공유하려는 딸아이는 연례행사에 참석하는 중요한 일정처럼 채비를 하는데 덩달아 설레는 마음으로 함께 영화를 보러간다.

국제영화제에 출품된 영화들을 보면 여러 나라의 작품들이기 때문에 인종과 문화가 다른 독특한 작품이 많다. 때때로 심오하고 난해한 영화를 이해 못하는 것도 솔직한 고백이다.

첫 날의 영화는 '마법의 눈' 대사가 없는 눈의 초점으로 이야기를 전개한 작품이나 그런대로 내용에 접근이 되었다. 눈이 보내는 느낌이나 행동만으로 모든 상황을 전개해 나가는 기법 또한 특이했다. 어머니의 부고로 휴가를 나온 튀니지 군인 s는 탈영을 결심하고 산속으로 숨는다. 몇 년 후 인근의 빌라로 이사 온 젊은 사업가의 부인 f가 산책 중에 실종된다. 이 작품에는 현대사회의 정치에 대한 비판과 은유가 지극히 영화적인 언어로 유려하게 녹아있다는 평이다. 초자연적이고 원시적으로 연명하면서 이미 임산부의 몸으로 만난 한 여인의 영양을 위해 노력하며 끝내 새로운 생명을 초인적인 희생으로 지켜내는 장면이 진한 감동으로 다가왔다. 끝까지 생명의 존엄성을 가치로 전하고자 애쓴 부분이 인상적이었다.

이번 영화제에서 감명 받은 영화는 '에르네스토의 시선' 이다. 우루과이 출신의 사진작가 에르네스토는 아내와 사별하고 브라질에서 혼자 살고 있는 78세의 노인이다. 시력이 떨어져 잘 보이지 않고 혼자 사는 어려움에 직면하게 되는데 어느 날 그의 삶에 23세의 앳된 처녀가 뛰어들게 되면서 전개되는 영화는 고개가 갸우뚱 하기도 했다. 중반부를 지나면서 몰입이 되고 그 순수한 모습을 엿보게 되었다. 아무 대가를 치르지 않은 소녀의 자유분방한 옷차림과 행동들, 집안을 들락거리며 흡사 자기 집처럼 기거하면서 넣어 둔 현금도 서슴없이 필요한 액수만 꺼내서 간다. 상황을 눈치 챈 노인도 모르는 척 지나가고 아들에게 송금요청을 할 때에도 배관공사에 지출했다는 거짓말도 자연스러워졌다.

어느 날 훌쩍 떠났다가 또 나타나는 소녀, 불량한 청년이 들이닥쳐 협박을 할 때에도 사정없는 호통으로 물리치는 노인의 힘은 어디에서 나오는 것일까. 이웃 친구들의 충고나 기우에도 아랑곳 않는 노인이 보여주는 모습은 단단하고 강하다.

노인과 소녀, 둘 만의 작은 공간에서 이성의 감정으로 전개되는 장면은 볼 수가 없었고 따뜻하고 편안한 기운이 감돌았다. 흡사 가족 같은 자연스러운 분위기의 영상미가 마음을 끌었다.

현대의 우리 사회는 불신과 고립, 위험에 늘 대처해야하는 게 현실이다. 고령화 시대에 살면서 어느 부분에는 상실과 고독을 몸소 부대껴야 하는 일이 도처에 깔려있다. 이 영화에서 보내는 메시지는 열악한 환경에서 물리적인 결핍으로 비틀거리며 도움이 필요한 소녀의 뻔뻔한 용기와 인생의 후반기에 상실의 아픔으로 고독을 이겨내려는 노인의 결핍을 상호 보완하는 시도가 깔려 있음을 알 수 있다. 슬픈 장면도 없었는데 뜨거운 인간애를 지켜보는 내내 나도 모르게 눈물이 흘렀다. 한 편의 영화에서 야릇한 카타르시스를 경험하는 일은 드문 일이다. 엔딩 장면에서 잔잔하게 시가 흐르는데 지난날 사랑한다는 말을 충분하게 못한 후회와 옛날 첫사랑과의 통화, 그리고 옛사랑을 만나러 떠나는 모습마저 잔잔한 감성을 자극했다.

특히 감독과의 대화가 있었는데 체구가 자그마한 브라질의 여자감독이 45시간의 긴 비행시간을 마다않고 달려와 부산의 느낌과 영화제에 대한 분위기며 소회를 들려주는 뜻깊은 자리도 경험했다. 현실이 아무리 냉혹하고 각박해도 예술의 힘은 위대하다고 생각된다. 우리들에게 문학이나 영화, 그림을 감상하며 음악을 들을 수 있는 기능만으로도 메마른 가슴에 단비가 되어주는 힘이 있지 않을까. 한 편의 영화에서 오래도록 떠올리며 가슴속에 잔잔한 여운이 남아 있다는 것은 행복한 일이다.

스크린의 제한된 공간에서 그려내는 영상으로 직접 경험할 수 없는 세상의 각양각색 풀어내는 영화가 가진 매력을 상상으로 또는 대리만족으로 이끄는 그 힘을 생각해 본다.

예전에 젊은 시절에는 극장 앞에서 많은 실랑이를 하던 때가 있었다. 남편은 액션물이나 중국 무술영화를 선호했고 나는 잔잔하고 로맥틱한 영화를 좋아해서 동행하기가 어려웠는데 온가족이 총출동하여 함께 본 영화는 '타이타닉'이 유일하다.

지난여름, 딸의 휴가에 맞춰 스위스 여행을 떠났다. 서유럽 여행 때는 잠깐 들렀다 가는 일정에 스위스의 속살을 엿보지 못했다. 더위를 피해 시원한 알프스의 자연에서 휴식하며 체험하고 싶었다.

동화 속에 들어앉은 듯 알프스의 작은 마을 숙소에서 바라보는 눈이 시리도록 파란 하늘과 새하얀 구름이 빚어내는 아름다운 풍경이 영화를 보는 것 같았다. 케이블카를 타고 리기산을 올라 짙푸른 호수를 바라볼 때나 알프스의 산악열차를 타고 빙하에 쌓인 마터호른을 마주한 감동, 그 투명한 공기를 마시는 순간에도 영화를 보고 있다는 착각이 들었다.

우리는 몽트뢰 레만 호수가의 꿈같은 마을에서 '프

레디 머큐리'를 만났다. 올봄, 우리나라 영화관에 선풍을 일으켰던 영화 '보헤미안 렙소디'에서 주인공인 그의 인기는 짐작하고 남을 일이다. 그는 세상을 떠났지만 많은 사람들의 가슴속에 그의 음악과 환호와 열정이 살아 숨 쉬고 있는 '프레디 머큐리'

해변을 배경해서 대각선으로 팔을 길게 뻗고 우뚝 선 그의 동상 앞에서 우리도 같은 포즈로 사진 촬영을 했다. 호수를 앞에 두고 그 위로 15km 산책로가 펼쳐져 있고 뒤에는 눈 덮인 산이 있는 그림같이 아름다운 마을에 헤밍웨이, 채플린, 같은 대스타들이 살기도 해서 더욱 유명해진 명소, 해 마다 재즈페스티발이 열리는 이곳은 세계의 관광객들을 불러 모은다고 한다.

시간에 쫓겨 따로 취미생활을 못하는 딸은 영화감상이 유일하다. 영화를 좋아하는 그 열정에 힘입어 해 마다 함께 하는 소소한 호사가 늘 고맙다.

부산국제영화제가 더욱 발전되고 융성한 문화축제의 장으로 영화 펜들의 마음을 흔들어 깨웠으면 좋겠다.

내년에는 또 어떤 영화들이 우리 부산을 찾아와 관객들을 사로잡을지 기대가 크고 기다려진다.

바보 행진

가을색이 은은한 숲길을 걷는다. 산 공기가 상쾌하고 발걸음이 가볍다. 어제 내린 비로 계곡의 물소리가 더없이 경쾌한 오후, 도란도란 얘기도 정겨운 동행과는 많은 세월을 함께 해 온 친구, 우리 연배들에게는 성공신화의 주인공으로 부러움의 대상에 꼽히는 사람이기도 하다.

구덕산 공원 아래 우뚝 서 있는 대학병원 요양원에는 친구의 남편이 3년째 입원하고 있다. 가끔 면회 때 따라 갔었는데 코로나19의 엄중한 상황으로 오랫동안

볼 수 없게 되었다. 우리는 틈만 나면 자주 어울려 여행을 했고 특히 근교의 산으로 등산을 즐기며 건강증진은 물론, 자연의 품속에서 늘 즐거운 시간을 보냈다. 덧없이 흐르는 세월도 모르고 누워있는 환자는 지리산 천왕봉에 오를 때도 앞장서서 이끌었고 겨울 태백산에도 함께 다녀왔던 창창한 모습이 생생한데 어인 일로 망각의 늪에서 헤어나지 못하는지 안타까움이 가슴을 짓누른다.

부모님 슬하에 8남매의 장남으로 집안 대소사며 결혼, 분가시키는 대역사를 치르며 부부는 온몸을 불사르는 투혼으로 재력은 물론 아이들까지 잘 키워낸 존경받는 인물이다. 일생을 부모님 잘 모시고 종손의 소임을 다하는 일을 제일의 목표로 살았던 사람, 아흔을 넘기고 돌아가신 부모님께 끝까지 효를 실천하신 효자이기도 하다.

벌써 8년여 전 일이다. 친구의 형제들과 중국 계림의 여행길에 올랐다. 아름다운 산수와 일행들과의 분위기가 무르익고 일정이 끝나갈 무렵, 장예모 감독이 이끄는 대서사시 자연을 무대로 밤에 펼치는 야외공연을 보기 위해 화장실을 다녀오게 되었다. 밖에서 한참을 기다려도 친구의 남편은 모습을 보이지 않았다. 잠시 손을 놓았는데 찾을 수가 없었다. 형제들이 사방으로 흩어져 찾아 헤매는데 일행들이 혼비백산이 되었다. 수많은 인파가 몰려들어 인산인해를 이루는 밤에 말도 통하지 않는 이국에서 일어난 놀라운 순간을 잊을 수가 없다. 형제들이 동원되어 한참 후에 다행히 찾았지만 놀란 가족들은 가슴을 쓸어내렸다.

알츠하이머라고 하는 병명을 현대에 와서 들었고 보통 치매라고 하는데 증세는 너무 예상하기 힘든 일이다. 가장 초기증상은 방향감각이 떨어지는 현상, 길을 잘 잃어버리고 헤매는데 혼자 활동하기가 어려운 문제로 보살핌이 절대적이다. 우리 뇌의 구조가 아무런 전조증상이나 신호도 없이 기억을 할 수 없다니 기막히고 당혹스럽다. 기억을 못하다가 먹고 삼키는 기능마저 잃어 의료기호스에 의존하고 생의 끈을 붙들고 연명하고 있는 딱한 상황이 너무 안타깝다.

부모님 양친이 아흔을 넘기며 건강하게 장수하시다가 돌아가셨으니 유전인자로도 가늠할 수 없다. 평소에도 고혈압이나 당뇨도 없으니 약을 복용하지도 않았고 큰 병을 치른 병력도 없어 힘이 넘치는 체력을 자신하던 사람이다.

우리집안에도 치매에 대한 아픈 역사가 있다. 시아버님께서는 병약하신 시어머니와 사별하시고 젊은 새어머니와 재혼을 하셨다. 허약하셨던 아내를 떠나보내고 젊은 여인과 새롭게 인생2막의 신혼 같은 생활로 행복한 노후를 보내셨다. 새어머니는 살림 솜씨도 좋으며 마음이 넓고 푸근한 분이라 집안에서도 대우를 받으며 이끌어 가는 고마운 분이었다. 장보는 일이나 외출을 즐기셨는데 어느 때 부터 집을 찾아오지 못하고 길거리에서 헤매는 날이 자주 일어났다. 주방에 가스 사용에도 위험한 비상이 걸리고 병원 치료도 했지만 효과가 없었다.

어느 날 어머니의 실종사건으로 집안은 난리가 나서 신고는 물론 백방으로 찾았으나 이틀 후에야 교통사고사로 시신이 병원에 안치되었다는 연락을 받았다. 새어머니의 급작스런 사고사로 우리 집은 큰 충격에 휩

싸였다. 아버님과는 16세나 젊은 새어머니의 기구한 운명도 알 수 없는 불행한 상황에 말을 잃었다.

주위에 돌아보면 남의 이야기가 아니다. 30년을 훌쩍 넘도록 만나고 있는 모임의 친구도 길을 못 찾아서 나오지 못한지도 몇 년이 되었고 또 다른 친구의 남편이 치매진단으로 요양원에 있다는 말을 들었는데 위독하다고 하니 100세 시대 장수국가라고 하는 마당에 예전에 흔치 않았던 몹쓸 병이 우리를 위협하는지 안타깝고 슬픈 일이다. 그 사람들의 면면을 보면 모두가 모범적인 사회생활과 가정생활로 자녀를 훌륭하게 키웠고 경제적으로 윤택하여 안정된 노후를 보내며 특히 부부애가 좋은 사람들이다. 남의 일만 아니고 나 자신도 일상적으로 하는 일이 아니면 깜빡 자주 잊어버리는 증세가 잦게 일어난다. 새로운 문물 습득에는 바보같이 금방 가르쳐 주는데 잊어버리고 오래 사용하지 않은 단어들이 생각이 나지 않는 난감한 일이 한 두 번이 아니다. 타박을 받을 땐 무안하기도 하고 속이 상한다. 신체적으로도 힘이 드는데 기억 장치에 지우개가 있는지 두려움이 앞선다. 치료가 어려운 병으로 오래

연명한다는 것은 사회적으로 개인적으로 큰 불행이다.

어느 날 우연히 러시아가 떠올랐다. 수도 이름이 생각나지 않았다. 북유럽 여행 때, 노르웨이를 시발점으로 덴마크, 스웨덴. 핀란드를 거쳐 리투아니아, 라트비아를 거쳐 러시아에 도착했다. 붉은 지붕들의 대통령궁, 성당이며 건축물을 보고 중심시가지 예술의 거리에서 푸쉬킨을 만났다. '삶이 그대를 속일지라도 슬퍼하거나 노여워 말라'고 노래한 시인. 그 동상 앞에는 세계의 관광객들이 운집하고 기념촬영에 바빴다. 백조가 노니는 호수공원을 걸어간 감동의 여운이 있는데 물어보기도 창피하고 검색으로 비로소 모스크바··· 소리 내어 웃어보니 기가 막힌다. 오랜만에 옛날 명화를 보면 좋아했던 외국 배우 이름도 생각이 나지 않고 아리송하게 맴돌면 가나다라를 시작으로 모음 자음 조합을 해보기도 하는 자신이 부끄럽다. 젊어서 영특하진 못해도 기억력이 나쁘지 않았고 밤을 지새우며 읽은 책의 내용을 또박또박 전달도 잘 했는데 세월 탓 할 만큼 노령이 아닌데 자신감이 떨어지고 움츠려지는 자화상이 참으로 슬프다.

코로나19의 상황에서 가장 위로가 되는 움직임은 걷기 운동이다. 만남이나 외출도 제한적인 갑갑한 환경에서 바깥공기에 시름도 달래고 사유할 수 있는 걷기는 혼자도 외롭지 않아서 좋다. 매일 만보걷기를 실천하고 집에 돌아오면 노곤한 기분도 뿌듯하고 상쾌해진다.

생로병사를 어찌 막을 수가 있겠는가. 차츰 바보가 되어가는 이 길을 피할 수 없다면 조금씩 천천히 더디게 걸어가고 싶은 이 열망은 욕심일까. 오늘도 쉬지 않고 바보 행진은 한 걸음씩 째깍째깍 나아가는데…….

이런 현상은 특정한 사람이 아니라 누구에게나 올 수 있다면 예방은 없는지 치료는 요원한 것인지 고도로 발달하고 있는 현대의학은 어디쯤에 있는지 두려움이 서서히 나를 엄습해 온다. 복잡하면 쩔쩔매는 바보 단순하게 살고 싶다. 그러나 어찌하랴 야속한 세월 탓하지 않고 친구들과 동기간도 자주 만나면서 미루던 책도 읽고 스스로 길 찾아 걷는 이 순간도 축복이라 위로를 해 본다.

한가위

성묘 차량의 극심한 체증에 시달리며 고향에 닿은 것은 평소의 세배나 더 소요된 시간이었다. 한가위는 과연 큰 명절이란 걸 새삼 실감하면서 선영에 잠드신 조상님들 묘소에 남편 따라 어설픈 낫질로 거들었다.

처서가 지나고 추석도 얼마 남지 않았는데 올해의 늦더위는 삼복의 폭염 보다 더 강렬하고 쨍쨍하게 뜨거웠다. 연신 땀줄기가 비 오듯 쏟아지는데 여기 저기 골짜기 사람 기척이 활기가 되었다.

어디선가 푸드덕 꿩 나는 소리 들리는 산골, 윗대부

터 차례로 잔디를 깎아 내려오면서 시할머니 묘소에 이르렀다. 할머니는 98세를 일기로 세상 떠나신지 오래 되지 않았다. 봉분 잔디가 제법 어우러진 할머니의 곁에 오니 손부에 대한 애정이 각별하셨던 잔잔한 모습이 눈에 선하다. 4대가 한집에 사는 열여섯 살 어린 신부로 출발한 삼종지도三從之道,의 삶으로 1세기의 생애를 마감하신 어른이 누워 계신다.

청솔 그늘에 앉아 한숨 돌리는데 산 아래로 펼쳐진 황금 들판이 내려다보인다. 오곡백과가 여물어 가는 결실의 계절, 이렇듯 산소 돌보는 일부터 한가위는 시작된다.

한가위는 팔월의 보름 한가운데 있다는 우리말로 추석을 말하는데 우리 고유의 최대 명절이다. 나의 유년 시절 추석은 마냥 가슴 부풀게 하며 기다려지던 명절, 전깃불이 없었던 산골에 대낮같이 밝은 위력을 가진 보름달과 같이 찾아 왔다. 보름달은 그 둥근 모양처럼 모두 공평하게 누릴 수 있어서일까. 아니 가난하고 어두운 사람에게 더 포근하고 부드러운 심성이 되어 가슴 깊숙이 안겨드는 때문인지 모른다.

기울었던 달이 차오르는 달밤. 동네 장정들이 모여 그들 팔뚝 보다 굵은 새끼를 꼬아 엮었다. 그네 줄이 되어 강가 아름드리 느티나무에 걸리면 그네뛰기 대회가 열리는 날을 기다리며 마음이 설레었다.

방문을 떼어내어 문살을 씻고 새 창호지를 소리 나도록 탄력 있게 붙였다. 손잡이 언저리 국화잎이며 맨드라미 색 고운 꽃잎을 장식하면 밝고 은은한 분위가 더 없이 좋았다.

컹컹 개 짖는 소리 사이로 마을 아낙들의 다듬이 소리 들리는 밤. 어머니는 우리들 추석빔을 위해 밤 이슥하도록 바느질을 하시곤 했다.

강변 모래사장의 씨름판에 함성이 우렁차고 그네뛰기의 열기가 오르면 친구들과 몰려다니느라 지치는 줄 몰랐다. 길게 땋은 머리댕기도 고운 큰 애기들 밀어 올리는 그네 줄이 바람을 일으키며 높이 오르면 조마조마해지던 가슴, 옹색한 살림에도 인심은 넉넉했던 그 시절의 회상이 잠시나마 피로를 잊게 한다.

자리를 털고 산을 내려와 고향 어른들 찾아뵙고 돌아오는 길은 마음이 한결 가벼웠다. 유례없는 도회의

불황에도 그나마 대풍이라니 반가운 일이었다.

고속도로에서의 새로운 풍속도 교통대란을 보며 우리의 가족문화에 대한 정서에 혼란 같은걸 느꼈다. 국토의 산야가 분묘로 가득 하다면 장례문화도 개선이 되어야 하는 절실한 생각을 해본다.

물자 귀한 줄 모르고 자라는 요즘 아이들이야 명절맞이 하는 별다른 느낌이 없는 것 같다.

간소한 차례 상 준비를 해 보지만 제수용 물가가 만만치 않다. 적게 장만하려는 애초의 마음과는 달리 햅쌀을 많이 담갔다. 송편이라도 이웃과 나누고 싶기 때문이다. 편리한 걸 따지자면 떡집에서 주문하면 되겠지만 햇과일과 새 곡식으로 조상의 음덕에 감사하는 차례 상이므로 송편 하나라도 식구들 손수 빚은 정성으로 하고 싶기 때문이다.

시간이 오래 걸리는데 쌀가루가 너무 많다는 투정을 하던 아이들도 서로 모양을 예쁘게 하려고 비교도 하고 속이 터질 새라 조심하는 모습이 그래도 싫지는 않은 모양이다.

달빛이며 민속놀이를 들려주는 엄마의 한가위는 아

이들에겐 전설처럼 들리는 가보다. 우리의 뿌리를 알게 하고 일가친척을 만나는 계기를 갖게 하는 것 또한 명절의 덕이 아니겠는가.

온종일 음식 장만에 부산을 떨었다. 마지막 갓 쪄낸 희고 파란 송편이 솔잎 향기와 어울려 집안 가득 하다. 올 추석 보름달은 보기 어렵다는 기상 예보에 이어 "조상님 면목 없습니다" 자막이 TV 화면을 스쳐 지나간다. "더도 덜도 말고 한가위만 해라" 민족의 대이동이 시작되는 귀성 행렬의 불빛이 새벽도 잊은 채 고향으로 향하고 있다. 줄을 잇는 거북이 속도에도 포기하지 않는 명절의 풍속도, 그 고유한 우리의 문화가 참으로 독특하다.

8년여 전만해도 해마다 벌초를 갈 때는 늘 남편과 함께 고향을 향해 달리는 차 안에서 교통체증에 시달리며 많은 이야기를 나누었던 연례행사였다.

남편이 세상 떠난 후 처서가 지나고 나면 가장 먼저 걱정 하는 일이 벌초 가는 날이다.

아들은 종손이란 막중한 책임을 지고 태어났으나 아

버지의 그늘에서 조상에 대한 단단한 개념이 없이 닥친 현실이 버거워 때때로 쩔쩔매는 모습이다. 사전에 날짜를 예고하고 나면 고향의 집안 어른께 드릴 선물을 준비하고 벌초를 마치고 성묘에 올릴 제물을 준비한다. 얼음이 든 물통이며 돗자리, 제기를 챙겨 몇 가방을 내려놓고 초조하게 기다리는 시간은 늘 새벽이다.

남편은 준비에 바쁜 나와는 달리 항상 먼저 내려가 차를 점검하고 시동을 걸어놓고 기다렸다면 아들은 출발했는지 어디쯤 오는지 몇 차례의 통화를 해야만 한다. 안달이 나고 답답한 나의 심정은 아랑곳 않고 부스스 잠이 덜 깬 모습으로 나타나는데 할머니를 부르는 손자 녀석을 보면서 금세 원망과 미움은 사라진다. 너무 어려서 처음에는 먼 길 달리는 자동차 위험해서 데리고 가는 걸 내가 먼저 반대했는데 한사코 동행을 원칙으로 실행하는데 그나마 조상을 생각하는 마음은 내면에 깔려 있다는 걸 헤아리게 되었다.

대낮의 날씨가 더울 때라 아침 일찍부터 시작한 벌초는 우리가 도착하면 어느새 사방 기계음이 들리고 이산 저산 사람들 소리로 왁자하다. 벌초라고 하지만 아들은 제초기로 깎은 풀 더미를 긁어내는 작은 역할인데도 땀을 비 오듯 쏟으며 어설프게 하는 모습이 당숙어른의 눈에는 영 내키지 않은 표정을 보면 민망하기도 하다.

벌초를 끝내고 잔을 올리는데 손자는 신나서 술잔을 들고 묘소 이동 때마다 배석 자리를 놓지 않고 직접 옮겨가며 엎드려 절하고 참여하는 모습을 보면 시할머니께서 생전에 '조손이 벗'이라고 자주 하시던 말씀이 생생하게 들리는 것 같았다. 영혼이 계신다면 얼마나 기뻐하실지 가히 헤아리고 남을 일이다.

올해도 어김없이 벌초의 계절 교통전쟁이 다가온다. 먼 길 고향에 당일치기로 연례행사를 무사히 마치고 돌아오면 떠나기 전에 팽팽하던 긴장이 풀리고 조상님 음덕으로 후대에 살고 있는 오늘이 감사하다. 연이은 한가위 차례 상 준비에 주부들의 손길 또한 분주할 때다.

단풍놀이

가을이 깊어갈 즈음이면 우리 집의 가족행사인 아버님의 기일忌日이 있다. 다른 지방에 살고 있는 형제 가족들이 한자리에 모이는 만남의 날이기도 하다.

지난해, 여느 해처럼 제사를 모시고 다음 날 일찍 서둘러 고향 선영을 찾았다. 성묘를 마친 우리는 미리 계획했던 단풍놀이에 나섰다.

달리는 차창 밖으로 펼쳐지는 단풍의 물결에 눈을 떼지 못한다. 융단처럼 깔려있는 가랑잎 밟을 때 떠나려는 계절의 석별, 발바닥으로 느끼는 감촉이 짜릿

하다.

이름난 먼 곳을 다니느라 고향에 있는 볼거리는 무심하게 여겼는데 돌아보고 놀라움을 금치 못했다. '황계폭포' 그 명승지의 이름에 걸맞게 진입로며 주변 경관을 다듬고 공을 들인 흔적이 돋보인다. 장쾌한 물줄기를 쏟아 내리는 장관은 탄성을 자아내게 했다. 예전의 그 풍광을 그대로 지켜 쉬지 않고 연출하는 오랜 세월이 더없이 경이로웠다. 골짜기 깊숙이 숨어있는 비경, 사방으로 단풍의 물결에 둘러 싸여 단애의 절벽에서 끊임없이 내려치며 쏟아 내리는 물소리에 위로와 치유를 받는다. 돌아보니 40여년 만이다.

해마다 가는 산소와는 지척인데 벌초를 마치면 밀리는 도로사정에 촉각을 곤두세우고 귀갓길을 서두르는 현대생활의 여유 없는 타성에 길들여진 무관심이 마냥 아쉽다. 이처럼 장쾌하게 쏟아 내리는 직소폭포는 보기 드물뿐더러 소중하고 가치가 있는 명소라는 것을 간과한 부끄러움을 뒤늦게 깨닫는다.

합천호를 끼고 굽이굽이 돌아가며 금세 물감에서 건져 올린 듯 선연한 수목들의 단풍잎이 길손의 탄성을 자아내게 한다.

요즘은 지자체에서 아름답고 골 깊은 숲속에 자연휴양림을 건립하여 숙박은 물론 일상생활에서 지친 심신을 휴식하고 갈 수 있는 친 자연 환경의 방갈로를 제공하고 있지만 이용하기는 처음이다.

오도산 휴양림에 도착한 우리들은 짐을 풀어놓고 마음까지 풀어놓고 여러 갈래의 산책길에서 다람쥐도 만난다. 물소리, 새소리 청량한 바람소리에 귀는 맑게 열리고 쌓였던 피로와 긴장감은 어느새 날아가 버린다. 노곤했던 몸을 풀면서 단풍과 어우러진 아침 등산에서 갖가지 야생화의 생태도 온몸으로 느꼈다. 한 알의 씨앗이라도 남기고 떠나려는 마른 풀잎 한 장에도 생명의 치열한 끈질김과 소중함이 배어나는 산길, 심호흡을 해본다.

계곡을 끼고 내려오는 산 아래 군데군데 캠핑을 안전하게 이용할 수 있는 시설을 마주하면서 예전에 아이들과 함께 했던 그 때가 떠오른다. 흙바닥이라 차고 불편했는데 잘 짜여진 나무 바닥세트에 전기 시설까지 되어있고 취사에 필요한 위생시설이 그림처럼 완비되어 있다.

입동이 지났지만 평지의 단풍은 고운 색을 뽐내고 있는데 기온의 차이 때문인지 산길에는 낙엽이 소복소복 겨울채비에 바쁜 기운이 감돈다. 신선하고 쾌적한 환경에 욕심으로는 하루 더 묵고 싶지만 예약이 허락되지 않아 우리는 해인사로 향했다.

이맘때의 해인사 단풍이 절정이라는 예상도 했지만 골짜기에 들어서면서 마냥 황홀경이다.

인파에 휩쓸려 대적광전, 성철스님 부도 탑에서 참배를 하고 백련암으로 오르는데 짧은 가을 해가 기울 무렵이었다. 너무 높은 곳에 자리한 백련암을 다녀오기는 늦은 시간, 다음날 아침 백련암에는 한창 아비라 기도에 정진하는 불자들의 염송이 골짜기를 흔들 만큼 박자와 절도가 우렁차다. 수능을 앞둔 시기라 그런지 법당 안은 입추의 여지도 없이 법복을 입은 불자들의 정진하는 모습이 놀랍기도 하다.

심심계곡, 어둠이 내려앉은 암자의 더 높은 곳에 신령스런 바위가 내려다보는데 하늘에는 반달이 얼굴을 내밀어 캄캄한 벼랑길을 비추어 준다. 성철스님이 계시던 시절, 동행한 고모님은 10년 동안 빼 놓지 않고 기도에 동참한 신실한 불자라 감회가 새롭다는데 해질녘 암자 오르기를 감행한 것도 그런 이유에서다. 서울에서 달려와 정성으로 기도에 혼신을 다 했던 기운 찬 젊은 때를 회고하시기도 했다. 밤에 걷는 가파른 산길의 발걸음마다 고요와 정적이 일렁거렸다.

미침 작은 시누이의 생일이라 아침상으로 찰밥과 미역국을 함께하는 생일축하는 했지만 해인사에서는 산채가 특별한 가야산 정식으로 저녁만찬의 자리, 오미자를 곁들여 빚은 동동주로 건배하면서 이 모든 것이 조상님의 음덕이라며 축하 잔을 들었다. 결속하는 가족 여행이 되었다고 입을 모아 한 목소리다.

해인사 민박에서 여장을 풀고 하룻밤을 묵은 우리는 아침 일찍 소리 길을 걷기로 했다. 처음 소리길 걷기는 해인사 대장경판 축제에 문학기행 단체로 왔을 때는 해인사골짜기 입구에서 시작하여 걸었는데 이번에는 거꾸로 가는 코스를 택했다.

소리 길에 들어서니 높은 절벽에 적멸보궁인 길상암이 제일 먼저 길손들을 맞이해 준다.

오랜 세월 해인사를 다녀갔지만 백련암에 도착해서 4박5일 동안 기도만 하고 돌아갔을 뿐, 아름다운 홍류동 계곡의 물소리며 단풍을 즐기지 못했는데 초행길인 양 감탄을 하시는 고모님의 모습을 지켜보니 마음이 뿌듯했다. 고향의 문화유산에 아름다운 자연과 계절의 채색까지 감상하게 되어 걸어가는 한 발 자국 미다 상기되고 충만한 행복감을 함께 즐겼다. 휴일 가을 단풍을 즐기려는 단체들의 인파와 부딪치며 일기마저 쾌청하고 걷기에 알맞은 기온이라 여간 상쾌한 게 아니다. 홍류동 계곡의 물소리와 박자를 맞추며 걷노라니 숨쉬는 공기마저 달게 느껴지는 소리 길, 구간마다 시와 담소가 있고 골짜기에 살고 있는 동식물의 생태 이야기가 배치된 자연에서 신선한 에너지를 얻는다. 소리 길은 노약자도 충분히 걸을 수 있고 사철 안전하고 편하게 걸을 수 있는 6km 남짓 2시간 정도면 걸을 수 있는 편한 길이다. 체력이나 시간에 따라 나갈 수 있는 통로가 열려 있어 더욱 편리하며 청아한 새소리와 물소리는 발길을 옮기는 내내 덤으로 안겨주는 선물이다. 여러 번의 소리 길을 걸어 보았지만 가족 단풍놀이에 흠씬 취해 함께 한 소리 길 걷기, 걸을수록 힘이 솟고 여유가 넘치니 자연의 위대한 힘이 무한하다.

단풍놀이 계획을 아침 일찍 해인사에서 시작하고 보니 늦가을 짧은 해도 우리의 발길을 붙들었다. 해인사에서 합천호 방면으로 달려 길목에서 만나는 영상테마파크에도 들렀다. 이름을 날린 영화제작에도 많은 기여를 하고 있는 세트장에는 단풍철에 맞춰 많은 인파들이 포즈를 취해보기도 하고 그 시절의 한 장면을 그려보는 풍경들이 정겨움을 더했다.

근래에 들어선 새로운 명소는 산자락 아늑하게 자리 잡고 있는 청와대다. 산골에서 청와대 관람이라니 푸른 기와지붕에 반송이 있는 잔디밭을 갖추고 실내는 집무실과 회의실 등 여러 형태를 갖추고 아래층에는 갖가지 공예전시장이 있었다. 박정희 대통령의 밀랍인형을 너무 만져서 수리에 들어갔다고 한다. 많은 사람들의 이용으로 수익을 내고 있는 독특한 발상이다.

따로 시간을 내기에는 바쁜 세상에 살고 있는 요즘 세태에 단풍놀이 함께 하기는 어려운 일이다. 올해도 어김없이 부모님을 기리는 행사가 다가온다. 조상님의

연으로 맺은 가족들이 함께 모여 집안 이야기로 꽃을 피우고 성묘를 미치면 거창의 금원산 휴양림에서 2박3일의 예약이 잡혀있다. 깊어가는 늦가을의 정취에 맑고 투명한 공기, 새소리 청아한 숲속의 산길에서 낙엽을 밟으며 낭만적인 시심에 젖어볼 일이다. 그리고 익어가는 인생의 아름다운 추억도 쌓으리라 생각하니 벌써 그 날이 기다려진다.

하모니카 교실

우리 일행들이 도착한 곳은 조그만 어느 요양병원이다. 환자복을 입은 할아버지 할머니들이 휠체어에 의지하거나 병약한 모습으로 한데 모여 우리들을 기다리고 있었다. 잠시나마 심신이 불편한 어르신들의 얼굴에 웃음이 피어나고 동심으로 돌아가는 시간을 안겨드리기 위해 하모니카 교실이 방문한 것이다.

장구 장단으로 고전무용 부채춤이 끝나고 빨간색의 티셔츠 단체복으로 단장을 하고 나선 우리들의 무대는 하모니카 연주다. 처음 시작하는 동요 몇 곡에 연이어

20여명이 함께 아리랑 합주를 하는데 실력이 부족한 나는 아슬아슬 어우러지는 합주에 은근슬쩍 넘어간다. 따라 부르는 할머니도 있고 시선을 고정한 채 무표정인 할아버지, 손뼉을 치며 흥에 겨운 어르신, 각양각색의 군상이다. 온종일 병상에만 계시던 어르신들이 트인 공간에서 잠시나마 소리와 춤과 함께 휴식한다는 것은 작은 위로가 되겠다는 생각이 든다. 이럴 때는 좀 더 열심히 연습했더라면 자신 있게 아름다운 소리를 들려 드릴 수 있을 텐데 하는 아쉬움이 남는다. 아직까지 자신 있게 뽑아낼 수 있는 한 곡도 갖추지 못한 처지에 나의 의지와 관계없이 몇 번의 단체자리에 설 때 마다 이건 아닌데 하는 생각을 떨쳐버릴 수가 없다.

가끔 문학모임에서 시낭송 후에 곁들여 하모니카 연주를 들으면 분위기가 더욱 새롭다.

남의 재능을 부러워만 했었지 내가 배우겠다는 의지는 없었고 더구나 많은 사람 앞에 나선다는 생각은 한 번도 가져 보지 못했다.

아들이 결혼하여 분가하고 나서 방 책상 서랍을 정

리하는데 오래된 하모니카가 나왔다.

하모니카를 만지는 순간 오랜 기억 너머에 어느 날 밤이 떠올랐다.

얼큰하게 약주가 오른 모습으로 퇴근한 남편이 중학생이던 아들 방문을 열더니 느닷없이 안주머니에서 하모니카를 꺼내 아들에게 건넸다. 늦은 밤 방안 불빛에 유난히 반짝거리는 하모니카에 나와 아들도 의아했다. 평소에 남편은 손수 물건을 구입하는 일이 없었고 더구나 노래라면 한소절도 못 넘기는 본인이 인정하는 음치의 수준이기 때문이다.

그 후 가족 중에 누구도 하모니카에 대해서 물어보거나 사용한 일이 없었으니 까마득히 잊고 있었다. 오래되었지만 사용하지 않은 추억이 어린 물건이라 손자녀석이 장난감으로 갖고 싶어 했지만 은근히 숨겨 두었었다.

지난해, 깊어 가는 가을밤에 영화의 전당에서 펼치는 색소폰 연주회에 초대를 받았다. 이웃 친구의 시동생이 정년퇴임 후에 배운 색소폰 연주, 그동안 맹렬히 갈고 닦은 실력을 유감없이 발휘하는데 사로잡힌 관중들의 분위기에 흠씬 젖어 박수를 치며 어우러진 여운이 오래도록 남았다. 나이를 뛰어넘는 그 열정에 동화되고 배움에 늦은 때는 없다는 생각이 들었다. 요즘은 고령화 시대에 좀 더 활기차고 즐거운 노년을 보내기 위한 친목을 많이 하는 추세다. 같은 취미를 가진 사람들끼리 공유한다는 것은 노년생활을 더욱 신나고 풍요롭게 한다.

몇 년 전부터 가까운 곳에 새로운 노인 복지관이 건립되었다. 여러 가지 프로그램이 있다는 말은 들었지만 복지관 출입은 아직 먼 이야기로 관심을 갖지 않았는데 친구내외가 함께 하모니카를 배우자는 제안을 했다. 색소폰 시동생에게 하모니카 두 개를 선물로 받았다고 하는데 마침 챙겨둔 하모니카가 있는 터라 이구동성 같이 배우기로 했다.

욕심이야 딸아이 방에 있는 핑크색 기타에 눈길이 자주 가서 배우고 싶었지만 둔감한 나의 재주로는 힘들겠고 메고 다녀야 하는 기타보다 휴대하기도 좋아 시작하게 된 하모니카다.

하모니카 교실에 모인 회원들은 60대부터 80대까지

연령층이 다양하다. 생전 처음 만져보긴 하지만 작고 기능이 단순한 악기라 만만하게 생각한 것은 나의 큰 오류였다. 내심 여든의 노인이 배우는데 내가 뒤떨어질까 걱정은 하지 않았다. 기초적인 음계를 연습하는데 불고 빨아들이는 단순한 기능이지만 리듬을 타고 내는 소리가 신기하게 다가왔고 동요 몇 곡을 연습 하노라면 후딱 시간이 흘러간다. 늦게 배우는 어른들이라 집중하는 열의가 대단하다. 이미 몇 년째 기타와 병행해서 배우는 사람, 다양한 프로그램으로 자신들의 능력을 개발하고 있는 회원들이 많이 모였다. 나이가 들면 노욕이 생긴다고 하더니 연세 높은 분들 연습이 대단하다. 일주일에 한 번 가기 때문에 집에 와서 연습을 충분히 해야 하는데 실천하기가 쉽지 않다. 모임이며 집안 경조사, 그리고 여행까지 나날이 바쁘다보니 결석이 잦고 정작 복지관 가는 날에야 허겁지겁 달려가는데 그래도 그 시간은 즐겁다. 잘못해도 섞여서 하모니가 되고 안 되면 소리를 죽이거나 슬며시 입을 떼면 그만이다. 그러나 진도가 나가면서 수시로 각자의 소리를 확인하는 독주에서 지적당하기 일쑤다.

초급반을 지나 동아리에 합류하다 보니 봉사활동도 나가고 구내 행사에 출연도 해야 하는 것이 문제다. 합주를 할 때는 무리 없이 한다고 자신했는데 혼자 할 때는 제자리를 못 찾고 음 이탈에 해매는 꼴이라니 내 모습이 안쓰럽고 부끄럽다. 상대적인 박탈감이 밀려와 주눅이 들고 앞자리에서 열심히 하시는 어르신들 뵙기가 민망하다. 또박또박 정확한 음계를 틀리지 않고 열중하시는 그 분들이 존경스럽다.

민요 아리랑을 거치고 가요 악보가 주어졌다. 예전에 히트했던 '고향무정' 빠른 간주곡에 높은음의 난이도가 있는 곡은 옥타브라는 하모니카가 필요하다고 했다. 새로 구입하여 두 개의 하모니카를 같이 들고 번갈아가며 부는 기교를 연습하는데 매끄럽지 못한 리듬의 연결이 또 난관이다. 자격증 취득을 하는 것도 점수 매긴 성적표를 받는 일도 없으니 안달할 것 까진 없지만 소극적으로 열심히 하지 않은 무능을 자책하지 않을 수가 없다. 그러나 배움으로 인연한 사람들과 친선, 교류하고 즐거운 시간을 함께 한다는 것은 보람된 일이라는 생각이 든다.

지난 연말에는 시민회관 대강당에서 시내 전역 복지관 어르신들의 경연대회와 위로잔치 무대에도 참석했는데 그처럼 많은 예능종목에 놀랐고 저변에 탁월한 재주를 가진 노인들의 왕성한 활동을 지켜보며 새삼 놀라웠다.

우수한 실력 연마는 기대하지 않았지만 이제부터 빠지지 않고 차근차근 배우려는 결심도 잠시, 뜻하지 않은 사정으로 참석 못한지가 한 달이 지나가고 말았다.

나이를 초월하여 열정을 갖고 부지런히 노력하시는 분들의 성의를 지켜보노라면 자극이 안 되는 건 아닌데 실행이 어렵다.

이제 하모니카를 두 개나 갖게 된 마당에 스치듯 지나가는 세월을 붙잡을 수 없으니 한 곡조 멋들어지게 부를 수 있도록 열심히 배워야겠다.

어떤 분야이건 독자적으로 사회봉사를 한다는 일은 나같이 범속한 사람이 실행하기는 쉽지 않다. 그러나 여러 사람이 뭉치고 합치면 조직이나 단체라는 커다란 힘의 결속이 생긴다고 생각한다. 부끄럽지 않은 실력을 갖춘다면 그때는 당당하게 나서서 외롭고 아픈 어르신들이나 손길이 필요한 보육시설에 작은 하모니카지만 사랑의 메아리가 되어 어루만져 줄 수 있는 날이 올까 기대해 본다.

인도여행에서 생긴 일

아들의 초등학교 6학년 반 모임으로 결성되어 모임을 갖게 된지도 어언 30주년이 되었다. 아이들은 각자의 직장생활로 바쁘게 살아가느라 만남이 어려운데 우리는 매달 모여 정보도 공유하고 경조사도 챙기며 돈독한 사이로 지내고 있다. 동남아도 다녀오고 몇 해 전에는 튀르키예 여행을 했고 미루어 왔던 인도여행을 결행하게 되었다.

무더운 날씨를 고려하여 11월 말에 출발, 11일간 네

팔을 거쳐 인도북부를 돌아보는 여정이다. 네팔의 카트만두에서 포카라로 이동하여 히말라야의 정기를 듬뿍 받으며 페와호수의 보트놀이에 한껏 기분이 고조되었다. 다음날 새벽에는 해발1592미터에 자리한 사랑코트에서 히말라야 일출을 보러 가는데 쌀쌀한 날씨에 맞춰 현지인들이 직접 짠 숄을 팔고 있어 모두들 좋아하는 색깔을 골라 함께 두르고 행복한 웃음소리를 사진 속에 담았다. 우리일행 8명과 서울에서 사돈 간의 남자 2명이 합류하여 태운 승합차는 구불구불 험준한 준령을 넘어 달리는데 심한 멀미와 아찔한 긴장감에 정신을 가다듬기도 힘이 들었다.

부처님이 태어나신 룸비니동산, 인도와 경계에 있어 온종일 달려 왔으니 아슬아슬 긴장감과 멀미 때문에 식사도 못하고 피로감이 엄습하는데 성지순례하는 불자들의 단체 여행객들 중에는 한국인들이 많이 보인다. 입구에서부터 신발은 벗고 덧신을 갈아 신었다. 구룡못, 마야데비사당을 돌아보고 부처님이 깨달음을 얻었다는 보리수 나무 앞에서 기념촬영을 하며 부처님의 원력을 위로삼아 조금씩 안정을 찾았다.

인도의 땅으로 들어서면서 버스로 갈아타고 비포장길을 달리는데 길가의 나무들이 푸른 잎은 보이지 않고 온통 황토 빛 흙먼지를 쓰고 서 있어 보기가 안쓰럽다. 음식은 그런대로 커리향에 적응도 되고 조식은 호텔식으로 견딜만한데 휴게소 가는 곳 마다 화장실의 열악한 시설이 여간 불편한 게 아니었다.

야외박물관의 녹야원에서 옛 인도인들의 종교에 대한 분위기도 느끼고 자이푸르의 암베르성에서 중국의 만리장성을 떠올리기도 했다. 그리고 거울궁전에서의 체험은 아주 독특하고 정교한 타일로 장식한 내부가 신기할 따름이었다. 인구가 세계에서 두 번째로 많은 넓은 국토를 가진 나라, 소나 가축들이 방치되어 길가에서 서성이고 교통의 질서가 없는 인도의 사람들은 느긋하고 순수해 보인다.

바라나시에 도착해서 더욱 절실하게 체험하게 되는데 구걸하는 나이 어린 여자도 그렇지만 세 바퀴 달린 자전거를 두 사람이 타고 갠지스강변을 가는데 바짝 마른 체구에 치아도 빠진 아저씨의 발놀림에 애간장이 타는 것 같았다고 하면 과장일까 즐겁지 않은 투어코

스였다.

밤새도록 죽음을 애도하고 불이 꺼지지 않는다는 갠지스강, 그 물에서 몸을 씻고 머리를 감는 사람, 생과 사가 공존하는 제사의식은 거대한 축제와 같았다. 죽어서 구원받고 죽음에서 종교로 열반에 들려는 힌두교의 특징을 보았다. 야릇한 강물 위에서 붉게 스러지는 석양을 바라보며 부처님 사리가 섞인 모래담긴 작은 화로를 내미는 뱃사공의 기념품을 샀다. 저녁에는 호텔의 지하에서 요가체험을 하고 피로를 풀었다.

다음 날, 카주라호 작은 마을에 들어섰는데 동, 서로 나누어진 아담하게 배치된 에로틱사원이다. 사원의 지붕 아래로 남녀의 나신을 정교하게 조각한 석조물이 우리 일행들을 놀라게 했다. 빼곡하게 돌아가며 남녀의 성행위 장면을 적나라하게 묘사한 석 조각품을 보며 설명을 들을 수도 오래 지켜볼 수도 없는 놀라운 충격이었다. 특히 입구에서 파는 기념품으로 한국어로 된 사원의 조각상 그림책을 팔고 있어 그 상혼에 더욱 놀랐다. 전쟁터에 나가야 하는 젊은 남성들이 출산을 돕기 위한 절박한 기도의 발상이며 이 또한 힌두교를 바탕에 둔 예술의 극치라는 설도 있다.

막바지 일정으로 밤기차를 타고 아그라로 이동하려고 기차역으로 향했다. 역에는 바깥에도 안에도 수많은 사람들이 드러누워 있거나 널브러져 있었다. 유난히 남루한 차림들이 눈에 띄었다. 하필이면 일기가 나쁜 저녁 무렵 안개가 짙은 밤기차다. 우리일행은 예약석이라 일찍 자리를 잡고 앉았는데 물밀 듯이 많은 사람들이 올라왔다. 차안에서 제공하는 도시락으로 식사를 떼우고 잠을 청했지만 소음과 공기가 불편해 잠을 잘 수가 없었다. 조금 달리나 싶었는데 또 정지하여 빠른 기차에 익숙한 우리들은 답답할 노릇이었다. 안내방송에 따르면 안개가 심해서 달릴 수가 없어 걷히면 간다고 하는데 밤을 꼬박 새워 새벽녘에 도착했다.

우르르 쏟아져 나오는 인파속에서 조심하라는 가이드의 목소리가 들렸다. 무거운 캐리어를 좁은 에스컬레이터 위로 올리며 차례로 오르는데 바로 앞의 k여사가 손을 놓쳐 캐리어와 함께 나를 쓰러뜨렸다. 중심을 잡지 못하고 에스컬레이터에 옷이 끼어 아우성인데 그나마 빠르게 구조되어 상의와 두꺼운 청바지를 찢고 대퇴부에 찰과상을 내었으나 중상이 아니어서 다행이다. 호텔에 들어가서 구급약품으로 간단한 치료와 일행들의 위로가 힘을 실어 주었다.

일정에 밀려 호텔에서 겨우 샤워하고 짐 챙겨 마지막 일정이며 인도여행의 백미로 알려진 타지마할이 있는 아그라에 닿았다. 유네스코 세계문화유산인 타지마할은 무굴제국의 샤 자한의 황제비 마할의 묘로 백대리석으로 인도 페르시아 양식의 대표적인 건물이다. 1629년 샤 자한이 남부 인도 데칸고원으로 출정한 사이 뭄타즈 마할 왕비는 15번째 왕자를 출산하다가 숨졌다고 한다. 2만 여명이 동원되어 22년 동안 공들여 완공된 최고의 걸작품이라고 하는데 입구에서부터 삼엄한 경계와 소지품, 신발등 엄격한 통제로 입장하는데 이 날도 짙은 안개 때문에 건물을 선명하게 관람하기에 여간 악조건이 아니었다. 뭄타즈 마할의 무덤주변 울타리의 조각은 붉은색 사암으로 성벽까지 광대하게 쌓은 샤 자한이 백성을 고통으로 희생시켜 가며 완성했으나 정작 자신은 첫 왕비의 아들에 의해 아그라성에 갇혀 생을 마감했다고 한다. 타지마할 관람을 끝내고 우리일행은 화장실을 다녀오느라 바쁘게 움직였다. 마지막 한 사람을 기다리고 섰는데 끝으로 p여사가 막 나오는데 턱이 있는 계단을 헛디디며 옆 대리석 기둥에 머리를 부딪치는 순간 피가 쏟아졌다. 눈앞에서 순간에 일어난 일, 소지품도 없었고 화장지로 겨우 막는데 문화유산구역이라 대기하고 있는 응급차에 실려 가까운 병원에서 응급처치를 하고 바로 델리의 공항으로 앞당겨 출발하게 되었다.

귀국하여 병원에 입원치료도 하고 무난하게 지냈는데 그녀 남편의 부음을 듣고 대학병원 장례식에 모이게 되었다. 자녀들이 자리를 지키는데 배우자인 그녀는 다른 요양병원에서 콧 줄을 꽂은 채 우리를 알아보지 못했다. 몇 년이 지난 지금 아직 병원에서 휠체어에 의지하고 있는 그녀를 생각하면 인도여행에서 생긴 그 사고 때문은 아닐까 안타까운 마음 가눌 수가 없다. 영화 '마하트마 간디' 달리는 기차난간에서 마지막 한 짝 신발을 내던지던 장면이 지금도 생생한 울림을 주는데 인도여행은 아픈 추억을 안겨 주었다.

제5부

아름다운 모정

아름다운 모정 / 12월 어느 하루 / 열차 안에서 /
그 겨울의 결혼식 / 한 해의 마무리

아름다운 모정

우리 아파트를 내려가면 골목어귀에서 언제나 밝게 웃는 할머니가 인사를 건넨다. 키 큰 할머니는 등이 굽어 있지만 늘 잡다한 물건들을 분류해서 정리하고 있다.

작년까지만 해도 교회의 경로당인 오두막 작은 안마당에 수거해서 쌓아 놓은 재활용품이 한 가득 차지하고 있었다.

어느 날, 그 오두막에 새로 페인트칠을 하고 낮은 문을 달았다. 잡동사니로 어지러운 작은 마당이 말끔하게 치워져 깨끗하게 단장되었다. 사용자 외의 출입을 금한다는 경고판이 붙고 할머니는 밀려났다.

나가는 길에 할머니와 마주쳤는데 이제는 폐지며 재활용품 수집하는 일을 그만 두게 되었다는 말을 들었다. 일터를 잃었으니 어쩔 수 없는 아쉬움이 묻어 있었다. 힘든 일인데 연세도 있으니 마침 쉬게 되어 잘 되었다는 위로의 대화를 나누었다.

몇 개월이 지났을까. 어느 날 그 오두막 담장을 기대고 리어카 하나가 놓여 있고 둘레에 박스며 깡통, 여러가지 폐품들이 널려 있었다.

새로운 창고가 바로 그 집의 담장 노상이라니 할머니의 과감한 발상이 신기하기도 했다. 몸과 마음이 편치 않아 더 고단해서 다시 시작했다는 것이다. 더 큰 이유는 폐암으로 투병하고 있던 아들이 위중해서 입원해 있는 상태라 어미로서 어떤 도움도 줄 수 없으니 안타까워 몸이라도 움직여 견딘다고 했다.

버려서 못쓰게 된 저 물건들이 얼마의 환금가치로 도움이 될까만 손 놓고 있을 수 없는 그 어머니의 심정을 헤아릴 수 있었다.

나이가 50세를 넘긴 자식이지만 모정은 몸이 부서져

라 일을 해도 자식걱정에 식음이 편치 않을 것이다. 직접적인 도움은 드릴 수 없지만 내가 아는 정보를 알려주었다. 저소득층 암환자의 지원을 보건소에 가서 신청을 하면 혜택을 받을 수 있기 때문이다.

반가운 이야기를 알려주어서 고맙다며 물어보지 않은 소소한 사생활도 숨기지 않고 진솔하게 들려주는 모습에서 한층 친밀감을 느끼게 되었다.

우리 아파트에서도 매주 재활용품 수거하는 날을 정해놓고 내어 놓는다. 매일같이 할머니와 마주치는데 무게가 나가고 활용가치가 있다고 생각되는 물건에는 할머니 생각이 앞선다.

어느 날 나가는 길에 캐리어로 무거운 책이랑 신문지를 끌고 내려가는데 경비실에서 저지하는 바람에 도로 갖다 놓은 적이 있다. 그 후로는 모아 두었던 짐을 한밤중에 그 장소에 부려놓고 온다.

무더위가 기승을 부리며 연일 폭염 경보가 있던 날, 할머니는 흐르는 땀을 연신 훔쳐내며 가득 실은 박스들을 내려놓고 있었다. 어느 아주머니가 매실차에 얼음을 동동 띄워 한 사발 가득 갖다 주어서 시원하게 마시고 힘이 난다며 고마운 사람도 많다고 했다. 보건소와 동사무소에 찾아가서 혜택은 보았는데 얼마 전에 아들이 세상을 떠났다는 이야기를 들었다. 아들이 건강을 잃으면서 더욱 가정 경제가 어려워지고, 가장이 된 며느리 삶에 무게가 더욱 힘들어진 환경이라고 강한 어조로 일해야 하는 당위성을 설명했다. 그러나 며느리는 한사코 만류하지만 나와서 움직이는 편이 마음 편하다며 며느리 착하다는 자랑도 빼 놓지 않았다.

골목을 지나다 보면 무거운 짐을 끌고 가는 노인들을 자주 본다. 자식 키우느라 노후대책 준비할 겨를도 없이 달려온 우리네 부모님들은 오늘날 고령사회에서 비켜갈 수 없는 생활고에 시달린다. 우리나라의 경제 규모나 국민소득이 많이 향상되었다고 하지만 노인 빈곤 율도 높은 것이 현실이다. 가정의 해체로 독거노인이 급증해서 고독사도 높아간다는 보도를 접하면 가슴이 아프다. 그나마 할머니는 따뜻한 가족이 있고 작은 수입이지만 가정에 보탬이 되는 노동을 할 수 있다는 자부심이 누구보다 강한 어르신이다. 다른 사람보다 재빠르게 활동영역을 넓혀가며 수집해야 하므로 나갈 때 마다 실시간으로 눈에 잘 띈다.

어느 일요일에 만난 할머니는 산뜻한 옷으로 단장하고 가방을 들었는데 화장까지 한 모습이 다른 사람으로 착각할 만큼 놀랍기도 했지만 반가웠다. 교회에 다녀오는 길이라며 하나님의 은혜로 감사의 기도를 올린다는 신앙심을 보여주는데 표정이 늘 밝고 긍정적이다. 사소한 얘기도 빼놓지 않고 서슴없이 소통하는 건강한 정신의 소유자다. 작은 수입이지만 살림에 큰 보탬이 된다고 하는데 마늘과 양파도 한 자루씩 사 들여 놓고 가정에 필요한 일부분 쏠쏠하게 장만한다는 자랑도 덧붙였다.

시장을 내려갈 때나 올라올 때, 담벼락 모퉁이 짐 정리에 구부리는 허리가 안쓰럽지만 그래도 건재한 모습을 보면 은근히 다행이라는 생각이 든다. 주변에서 지저분하다는 불평을 할 수도 있지만 몸 아끼지 않고 열심히 사는 노인의 활동을 배려해 주는 인심도 격려가 된다. 바로 앞에는 대형 고물 집합창고가 버티고 있는데 그 곳에는 단가를 낮게 쳐 주기 때문에 거래하지 않는다고 하니 한 푼의 가치를 가름할 것 같았다.

올 가을에는 유난히 추적추적 가을비가 많이 내렸다. 그 길을 지날 때 마다 온통 비를 맞고 젖어 흩어져 있는 폐지와 고물들을 보면서 안타까운 마음이 가슴을 적신다. 담장을 기대고 쌓아놓은 폐품의 분류와 보관은 물론이요 수거하러 다닐 수 없는 날씨에 애를 태울 할머니의 얼굴이 겹쳐서 떠올랐다.

만추에 겨운 낙엽도 뒹굴고, 일기는 점차 수은주를 끌어내린다. 세찬 바람에 움츠려 드는 몸, 마음마저 얼어붙는 겨울이 다가온다. 식을 줄 모르는 모정의 나날 속에 먼저 떠난 아들, 자식은 가슴에 묻는다고 했는데 상실의 아픔을 견디느라 할머니는 있는 힘을 다해서 수레를 끌고 끌어서 쏟아 부어 놓는다. 아들이 떠나고 남긴 식솔들의 따뜻한 겨울을 위하여 뜨거운 온도를 높이려는 몸부림이다. 험준한 산도 넘고 거친 강물도 헤쳐 나간다. 자신의 한 몸 안락으로 남은여생을 하루하루 보낸다는 것이 결코 평안한 길이 아닐 것이다. 오로지 헌신하고 기도하는 모정이 아름답고 애잔하다.

어제는 볼일로 나갔다가 돌아오는 전철역 근처 큰 대로변에서 할머니를 만났다. 언제 수집했는지 수레에는 한 가득 짐이 실려 있었다. 마음 같아선 밀어 주고 싶었지만 들러 갈 때가 있다며 먼저 가라는 손짓으로 웃음을 보냈다.

눈썰미가 얼마나 좋으면 소개한 적도 없는 우리 딸아이가 지나갈 때 엄마도 방금 올라갔다는 말을 듣고 어리둥절했다고 한다. 평소에 매사를 예사롭게 보지 않고 긍정적으로 사고하며 애정과 관심을 갖는 아름다운 심성을 품고 있기 때문이리라.

오늘도 양 옆으로 주차해 있는 자동차 틈 사이 담장을 기대고 묶인 채로 더러는 흐트러진 채 할머니의 손길을 기다리고 있는 고물들이 바람에 스산하다.

요양원 생활에서 하루하루 지루한 일상을 갇혀 지내야 하는 노인들에 비하면 건강을 무기로 신성한 노동을 할 수 있고 한 가정의 어른으로서 사랑과 존경을 받고 사는 황혼의 삶은 복된 일이 아닌가. 아직은 자신감이 충만하니 오래오래 건강하셨으면 좋겠다.

내 한 몸 챙기기 급급해서 언제 옆 돌아볼 가슴 뜨거운 적 있었던가. 연말에는 할머니와 마주 앉아 따뜻한 밥 한 끼 먹고 싶다.

12월 어느 하루

한 장의 남은 달력을 보면 마음이 스산하다. 연 초에 계획하고 다짐했던 일들이 돌아보면 성과는 없고 세월의 흔적만 남았다.

시부모님이 생존해 계실 때는 참 많은 집안 행사가 줄지어 있었다. 종가인 우리 집은 사대봉제사와 어른들의 생신만 챙겨도 한가한 달이 없었다. 달력에 동그라미로 체크하는데 음력으로 모시는 관례를 지키려면 날짜를 잘 챙겨야 한다. 특히 12월에는 할아버지 외 또 한 분의 제사가 연이어 겹치는데 추운 날씨마저 야속하기도 하던 달이기도 했다. 그 무렵 할머니께서 98세의 연세까지 살고 계셨는데 슬하에 7남매를 두셨으니 어머니도 뵙고 아버지 제사도 참관하려는 효심으로 작은 아버지 고모님 줄지어 많은 손님이 오셨다. 보고 싶던 자손들을 만나는 기쁨에 할머니는 그 날을 손꼽아 기다리시는데 정작 준비하는 사람은 여간 힘 드는 일이 아니다. 출입이 불편하신 할머니의 유일한 낙으로 자손들이 모여 옛날이야기로 꽃을 피우는데 밤이 깊어 가도록 잠을 이루지 못하시던 모습이 아련하다.

추운 겨울밤, 자정이 지나야만 모시는 제사는 효심보다 고행이라 여겼던 것은 열악한 취사시설 때문이기도 했다. 어느새 어른들의 시대는 마감을 하고 요즘에 맞는 가정의례준칙에 따라 2대로 줄여 시행하니 한결 간단해졌다.

세대가 바뀌어 어느새 우리가 나이 많은 어른이 되었다. 할머니는 물론 시부모님께서도 세상 떠나시고 아들이 결혼하여 분가한 후 1년이 지난 2010년 12월 3일 범띠 손자가 태어났다. 누구나 마찬가지겠지만 내리사랑으로 자식을 얻을 때 보다 그 기쁨이 배가 된다는 것은 공감할 것이다. 특히 외동이로 내려오는 종손인 첫 사내아이의 탄생은 말할 수 없는 기쁨을 안겨 주었다. 꼬물거리는 입술과 반짝이는 눈 맞추며 넘치는 사랑에 신이 났던 세월도 잠시 어느새 초등학교 3학년이 되었다.

지난 10월 9일 한글날, 휴일을 맞아 '할머니 할아버지 손잡고' 프로그램에 손자와 함께 참여하게 되었다. 시에서 지원하는 행사로 작년에도 참여했는데 출산 장려정책의 일환으로 관광버스 한 대에 가득 싣고 몰운대에서 송도 케이블카도 타고 그림 그리기도 하고 보물찾기도 했다. 대부분 늦은 결혼에 아이를 출산하지 않으려는 젊은이들이 많은 추세라서 머지않은 날 우리나라는 인구절벽이라는 위기에 직면 한다니 심각한 사회문제이기도 하다.

다른 친구들은 대학에 들어간 손자가 있고 늦어도 중 고등학교에 다니는데 늦기도 하지만 동생을 낳지 않아도 좋다는 독선적인 손자 녀석을 보면 격세지감을 느낀다.

지난해 12월 3일 새벽, 한잠에 빠져있는데 집의 전화에 요란한 밸이 울렸다. 요즘 핸드폰이 일반화 되면서 일반전화를 하는 사람이 드물기 때문에 화들짝 놀라서 수화기를 들고 보니 손자의 앳된 목소리다. “할머니 잠이 안와요 아! 드디어 이런 날이 다가왔어요. 얼마나 기다렸는데 몇 시에 갈까요? 빨리 만나서 백화점 가요” 어처구니가 없었지만 나도 모르게 웃음이 새어나왔다. 갖고 싶은 선물은 할머니가 사주고 그 소원은 꼭 이루어진다는 확신을 갖고 있는 아이는 할머니의 갑이다.

그날 함께 백화점에서 아이가 갖고 싶어 애를 태우던 선물도 사고 레스토랑에서 케이크를 자르며 종업원 언니들의 간단한 생일 축하공연도 받은 유쾌하고 행복한 시간을 보냈다.

올바른 사람으로 키우려면 지금 내가 하는 처신이 결코 옳지 않다. 머리로는 그런데 가슴으로는 냉정하지 못하는 이중적인 나 자신을 통제하기 어렵다. 점점 다변화되고 급변하는 사회에 대처하고 살아가려면 어릴 때부터 바른 인성과 예절을 갖추고 배려하며 참을 줄 아는 사람으로 자라야 할 것이다. 신중하게 고민을 하면서도 아이 앞에 서면 어느새 흔들리고 마는 그 심사가 난감하다. 또래의 아이들을 보면 책을 많이 읽고 차분하게 주위의 분위기도 빨리 파악하고 집에서 함께 밥도 잘 먹는걸 보면 부러워진다. 혼내거나 꾸짖는 것은 부모가, 조부모는 사랑만 주면 된다고 생각했던 마음에 갈등이 생긴다.

곧 손자의 생일 12월이 다가온다. 지난 주말에 들러서 생일 이야기를 꺼냈다. 벌써 검색에 검색을 거듭해서 선물을 미리 결정해 놓았는데 주말을 맞추려면 당겨야 한다는 말도 강조하며 멋있는 포옹과 "사랑 합니다" 를 외치고 헤어졌다. 다음 주에는 친구생일에 키즈카페 간다고 하니 요즘 아이들 생일의 풍속도를 짐작하게 된다.

될성부른 나무는 떡잎부터 다르다고 했다. 큰 인물은 욕심이고 정신과 육체가 반듯하고 건강하게 자라기를 바랄 뿐이다.

"12월 어느 날은 할머니의 주머니가 털리는 날이다." 손자의 익살이 귀청을 울린다.

열차 안에서

겨울방학이 시작되고 연말이어서인지 경부선 열차 안은 붐비고 있었다. 옆자리의 할아버지는 동대구역에서 내리시고 연이어 할머니 한분이 올라 오셨다. 체구가 작은 분이 짐을 몇 개나 나르시는 모습이 여간 당차게 보이지 않았다. 선반위에 짐을 올려 드리며 우리는 자연스럽게 동행이 되었다.

영주에서 살고 계신 할머니는 익산 근처에 사는 막내 아들네 집에 가는데 옥천에서 한 번 더 갈아타야 한다는 것이었다. 연세가 여든을 넘긴 노인이 빈 몸으로 장거리 여행만도 벅찬 일인데 짐 보따리를 보고 놀라지 않을 수 없었다. 요즘은 가만히 앉아서 택배를 보내고 받는 세상인데 할머니의 짐 속에는 손자의 먹을거리며 아들 내외가 좋아하는 농산물이 가득 들어 있다는 것이었다, 농약을 사용하지 않은 유기농 사과며 여러 가지 열매를 손수 가꾸어 간수한 이야기를 하시며 마음은 어느새 그곳에 닿은 듯, 신바람에 기상이 펄펄하신 모습은 이제 한창 중년의 여장부 같다.

나는 할머니가 저토록 힘들게 짐을 갖고 가시는 당위성을 조금씩 이해하게 되었다. 짐을 부치면 편하지만 좀 더 신선한 과일과 알곡들을 빨리 먹이고 싶은 할머니의 정성에 놀라고 또 놀라울 뿐이었다. 그러나 이동할 때 마다 여러 보퉁이를 어떻게 감당하실까 생각하면 참으로 답답하였다.

동생들이 서울에 살고 있어 올라가는 일이 더러 있지만 멸치 상자도 들고 가기가 힘들어 달랑 가방하나가 내짐의 전부다. 내가 어머니라면 아마 할머니처럼 이고 지고 어떤 힘을 동원해서든 장만했을지도 모른다.

어머니! 그 단어가 새삼 가슴에 박혀왔다, 우리 어머

니께 유난히 짐을 많이 안겨드린 지난날이 칼바람 되어 스쳐갔다. 우리가 자랄 때만 해도 어머니는 객지에서 공부하는 아이들 쌀 포대며 옹기로 된 간장 두루미까지 불편한 교통수단을 번갈아 가며 공급하곤 하였다. 살아오면서 무조건적인 사랑과 희생은 부모님, 특히 어머니의 넓은 품이라는 뒤늦은 깨달음이 안타까울 뿐이다. 모진 비바람도 매서운 강추위도 어머니의 따뜻한 온기로는 녹이기에 충분했다.

차창 밖으로 빈 들판에 서 있는 과수원의 나목들이 차례로 지나갔다. 대지는 아무리 척박해도 씨앗을 싹 틔우고 열매를 맺는다. 가을이면 거두어들이고 비워내며 계절에 순응하는 대지는 어머니의 품속 같다.

할아버지 타계 하신 후 오로지 자식들 키우고 뒷바라지 하느라 세월 가는 줄 모르게 살았다는 할머니는 아직도 경제활동을 하신다는데 놀라지 않을 수 없었다. 곧 명절이 다가오고 그 때 만날 수 있는데 보고 싶어 미리 가신다며 며느리와 손자 자랑에 신이 나신 할머니, 까닭 없이 그들이 부러웠다.

자동차가 홍수를 이루고 택배가 집안까지 되는 세상

에 모정은 초능력이 생겨나는 것이라고 생각 되었다. 어머니가 계셨으면 저 연세쯤 되었을까. 오래도록 깊숙이 묻어둔 그리움이 꿈틀거렸다. 값으로 따진다면 하잘 것 없는 짐 보퉁이를 아들 내외는 나무라고 화를 낼지도 모른다. 연로한 어머니가 먼 길 오시기도 어려운데 무거운 짐까지 동반했으니 오죽할까. 영주의 명산물이며 유명한곳을 소개하시는데 자녀들도 훌륭하게 잘 키운 보람도 느낄 수 있었다. 한 번 놀러오라는 부탁을 잊지 않으시며 늦은 나이지만 꼭 레스토랑을 경영해 보고 싶다는 노익장에 더욱 놀라웠다. 할머니의 애기를 들으며 지루한줄 모르게 옥천역에 닿았다.

선반위의 짐들을 열차 바깥에 내려 드리면서 참으로 걱정되었다. 머리에 이고 들고 굽이 있는 구두까지 신은 키 낮은 뒷모습이 한동안 눈에 밟혔다.

영주에는 유명한 부석사, 소수서원이며 피 끝 마을에도 몇 차례 다녀왔지만 특히 선비정신이 오롯이 살아있는 지역임을 알 수 있었다. 연로한 어른들의 자애정신이 자손들을 더욱 따뜻하게 품어 세상으로 내어 보내는 가족 사랑이 부럽기도 하고 안쓰럽기도 했다.

일찍 부모님을 여읜 우리 형제들은 별다른 큰 가족 행사가 없으면 모인다는 일이 쉽지 않다. 저마다 삶의 다른 무늬를 엮어 나가느라 무조건적인 사랑을 베풀거나 바랄 수도 없는 것이 현실이다. 하물며 서로 거리가 먼 지역에서 떨어져 살다보면 달려가 만난다는 것은 부모님 계신 고향집 가는 길보다 어려운 일이 되고 말았다.

할머니가 내리시고 옆자리에 어떤 사람이 앉았는지 관심도 없이 나는 잠을 청했다. 눈은 감았지만 눈발이 휘날리는 어릴 적 초가의 고향 모습이 떠오르기도 하고 어디서 누굴 부르는 소리가 들리는 듯도 하였다. 어머니의 군불 지피는 아궁이에 군고구마는 익어가고 옹기종기 아랫목에 모여 겨울이 깊어가는 밤도 정겨웠던 그리움이 밀려왔다.

영하의 추위가 맹위를 떨치는 세밑이 되면 마음마저 얼어붙어 더욱 온정이 필요한 때다. 모처럼 서울의 여동생과 보고 싶었던 조카들을 만난다는 마음이 조급해지고 함께 따뜻한 연말을 보낼 수 있게 되었으니 그나마 따뜻한 위로가 되었다.

할머니를 맞이한 가족들은 짐을 풀어놓고 고향의 냄새가 물씬 나는 낱알들, 넓고 깊은 할머니의 사랑과 정성을 주워 담고 있을까. 빨간 사과처럼 볼이 붉은 손주 아기를 무릎에 올려놓고 입맞춤하고 있는지 모른다. 고향들판을 펼쳐놓고 옛날이야기를 들려주며 신이 난 아이의 재롱에 노곤함은 간데없이 사라지리라.

자식 입에 밥 들어가는 것이 마른 논에 물들이는 것과 같다는 옛 어른들의 말씀처럼 따뜻한 저녁상에 둘러앉은 가족들의 행복한 모습을 그려보니 맹추위마저 녹여낼 것 같다.

창가 불빛 사이로 새어 나오는 웃음소리가 있는 겨울밤. 그 모습은 동화 같은 아름다운 풍경이라는 상념에 젖어드는데 서울 도착을 알리는 안내방송이 귀청을 울렸다.

그 겨울의 결혼식

우리가 살고 있는 부산에서는 첫 눈 내리는 날 만남을 약속하는 낭만은 기대하기 어렵다. 한 겨울 내내 눈구경 한다는 것은 쉬운 일이 아니다. 간밤에 눈이 온 흔적을 볼 사이 없이 녹아 버리고 눈발이 휘날린다는 환호가 무색할 정도로 이내 스러져 버린다.

십 수 년 전 어느 겨울이었다.

새벽에 보기 드문 폭설이 내려 교통이 마비되는 이변이 일어났다. 그 날 마침 일요일에 마산에서 친척의 결혼식이 있는 날이라 은근히 걱정이 되었다. 다행히 고속도로 재설작업이 되어 길이 뚫렸다는 뉴스 보도가 있었다.

승용차보다는 고속버스를 이용하는 편이 낫겠다며 우리부부는 고속버스 편으로 결혼식장에 도착했다.

하객들이 자리를 차지하고 앉았지만 웅성웅성 출입구 쪽으로 시선이 모아졌다. 혼주가 아직 도착하지 않아서 안절부절 애를 태우며 기다리고 있는 중이었다.

서부경남 시골 고향에서 마산까지는 한 시간 정도면 충분히 도착할 수 있는 거리기 때문에 결혼식 전날 미리 오지 않은 게 화근이었다.

다음 예식을 연이어 치러야 하는 결혼시즌의 대혼일이라 어쩔 도리가 없게 된 상황, 기상의 이변으로 폭설에 갇혀 아들 결혼식 참석이 불가피한 사유를 설명하고 예식을 치르게 되었다.

일생에서 가장 큰 가정의 경사요 맏아들의 결혼식에 먼 지역도 아닌 본가에서 발을 동동 굴렀을 그 분들의 난감한 입장은 짐작하고 남을 일이다. 신랑신부의 애타는 마음도 헤아리면서 기상이변이 몰고 온 사태가 참으로 야속하다는 생각이 들었다.

그날 오후 늦게 도착한 신랑 부모님은 일생에 가장

큰 실수라며 하객들께 일일이 전화로 감사와 안타까운 인사를 전했다. 혼사 날 눈이 오면 복을 받고 잘 산다는 옛 어른들의 말씀대로 잘 살고 있다니 눈 의 축복에 잊을 수 없는 결혼식이 되었으리라.

어렸을 때 눈이 오는 날은 다른 세상을 맞이했다. 지붕에도 장독대도 새하얗게 온 천지의 남루를 덮어줄 뿐 아니라 그 고요와 느림도 좋았다.

아무도 밟지 않은 눈길을 사각사각 발자국을 내며 걷는 재미도 있었고 갇혀있어도 견디고 즐겼다.

지난 5월, 일본 삿포로 여행에서 소복소복 내리는 눈을 맞았다. 봄이 무르익어 가는데 그 지방에서는 숲이 짙은 산속 좁은 눈길을 잘도 달리는 관광버스가 신기했는데 습기가 없는 눈이라 포슬포슬해서 문제가 되지 않는다는 설명이 신기했다.

하루하루 바쁘게 살아가야하는 현대생활에 눈이 주는 서정성 보다는 불편한 대상으로 당장 내몰리는 게 현실이다. 그러나 겨울에는 눈이 내려야 겨울 맛이다. 올 겨울에는 폭설이 아닌 하얀 눈이 사뿐사뿐 내렸으면 좋겠다.

한 해의 마무리

단풍잎이 스산한 바람에 뒹굴고 벽에 걸린 달력이 한 장이 남은 연말이 다가온다. 이맘때가 되면 우리 집에서 큰 행사인 아버님 기일이 들어 있어 형제들이 모인다. 서울에서 울산에서 또 대구에서 흩어져 살던 가족들이 부모님을 생각하며 먼 길 마다않고 참석하는 효심들이 고맙기도 하다. 다가오는 날짜만큼 마음이 바쁘고 부산한데 제수 음식이며 이부자리 손질도 해야 하고 몸은 고단해도 은근히 기다려지는 마음이 있다. 제사를 모시고 나면 늘 함께 여행을 떠나기 때문이다.

아버님께서는 생전에 조상님 모시는 제례의식을 삶의 으뜸으로 실행하시던 분이라 며느리인 나는 늘 긴장을 할 수 밖에 없었다. 어느새 형제들도 나도 노년에 이르러 집안행사를 챙기는 일이 힘들고 버거운 것이 사실이다. 먼 곳에서 각자의 삶에 열중하느라 자주 모일 수가 없지만 부모님을 생각하며 달려와 주니 그 성의가 반갑고 고맙다.

제수음식 채비가 끝나갈 무렵에 맞추어 들어서는데 집안에 왁자한 웃음이 피어난다. 아버님 어머님을 떠올리며 유건에다 도포를 입으시고 정중하게 분위기를 압도 하시던 모습이 눈에 선하다. 정성을 들여 붓글씨로 한지에다 지방과 축문을 쓰시는데 엄숙한 분위기에 가족들은 늘 마음이 조마조마하다. 차례로 술잔을 올리고 절하면서 이어지는 축문이 현대화로 바뀌었고 진행하는 제례를 보고 계신다면 쩌렁쩌렁 소리도 우렁차게 꾸중을 하실 일이다.

현대화의 물결에 편승하여 간단하게 치르는 집안 행사는 어쩔 수 없는 현실이 되었다.

밤 이슥하도록 이야기꽃을 피우다 보면 아침이 밝아

오는데 떠날 채비에 손길이 바빠진다.

조상님들 잠드신 고향 산소를 찾아 잔을 올리며 부모님 음덕을 새기고 떠나는 여행길은 그 다음의 프로그램이다.

해마다 고향 가까운 휴양림에 예약해서 2박3일을 보내다 오는데 올 해는 일요일이 끼어 불가능해졌다. 지자체에서 현지인 배려차원에 외지인 예약이 안 되기 때문에 우리는 화순으로 가는 코스를 택했다.

작은 시누이 시댁고향에 작은 별장이 있어 거리가 멀지만 돌아볼 때가 많다고 하니 모두들 좋아 했다. 짧은 해가 길손을 맞이하는데 어느새 초저녁 불빛에 화순온천이 반겨주었다.

온천욕으로 피로를 풀고 정적만이 감도는 캄캄한 산골의 밤을 헤쳐 달려간다. 앞산의 선영에 조상님들이 잠들어 계시는 양지바른 건너편에 집을 지어 "흙에 살리라" 아담하게 자리 잡은 별장이다. 작은 시누이는 부부교장으로 교육에 헌신하면서 열정적으로 살아온 사람으로 부러움을 많이 받고 살았다. 시누이 남편은 퇴직하고 집 꾸미기에 열정을 다했는데 갑작스런 병마가 찾아와 혼신을 다했지만 결국 일어서지 못하고 양지바른 이곳 정원 옆에 잠들어 계신다.

오랜 시간 장거리를 달려오느라 모두 노곤한 잠을 잤는데 다음날의 여행코스는 목포다.

오래전에 홍도를 가려고 경유한 기억이 있지만 초행길인데 천사대교를 달리노라니 다리의 길이가 무척이나 길었다.

갯벌 해변에 도착하니 목가적인 긴 다리가 우리를 기다리고 있는데 관광시설에 심혈을 기울인 지방의 흔적이 엿 보인다. 귀어도, 할미도 이름도 재미있었다. 작은 섬을 돌아보는데 차가운 바닷바람이 귀 볼을 때려도 작은 섬의 매력에 흠씬 빠져들었다. 더 늦기 전에 케이블카도 타야하고 식사를 해야 하는데 목포 수산시장은 부산의 자갈치보다 훨씬 규모가 크고 갯벌낙지며 활어들이 많아 식사를 하는 내내 엄지를 치켜세웠다.

불빛이 명멸하는 케이블카 승강장에는 많은 사람들이 줄지어 서 있다. 목포의 관광명소가 된 해안가 산책길에는 현란한 불빛으로 초겨울의 낭만을 즐기는 사람들의 행렬이 밤바다의 운치를 한껏 북돋우고 점

점이 떠 있는 섬들이 얼마나 많은지 그래서 1004섬으로 명명했을까. 유달산이 높은 산 인줄 알았는데 작은 뒷동산 손닿을 듯 자그마한데 바위에다 조명을 설치한 야경의 멋이 정겹고 따스하다.

숙소로 돌아오는 길이 멀기도 한데 운전자의 열정이 힘을 실어준다. 다음 날은 소쇄원도 가고 화순적벽 관광에 나서기로 했다. 회순에는 문화유적이 많은데 특히 화순 운주사는 유명한 사찰이다. 오래전에 남편과 함께 윤달에 떠나는 문화유적지 답사에 참석했는데 천불 천 탑과 와불이 선명한데 이젠 아련한 추억만 남았다.

날씨가 좋으면 가까운 백아산에 올라 산봉우리에 연결한 백아다리도 다녀오면 좋겠지만 나이도 계절도 넘볼 수 없게 되었으니 가는 세월이 안타까울 뿐이다.

김삿갓이 머물렀다는 유적정비가 한창이다 적벽을 마주 보고 비석들이 서 있는 작은 호수에는 예전에 동네가 수몰된 곳이라고 하는데 여름에 왔으면 더 청량한 풍경이겠다, 벼랑길이 만만치 않다. 이제는 폐교가 된 운동장에 나란히 서 있는 부부 느티나무, 동네어귀에 늠름하게 서 있는 은행나무도 길손을 반기는데 출출해진 늦은 점심에 몸에 좋다는 뽕잎 칼국수가 허기를 달래주니 화색이 돈다.

우리 형제들은 해외여행도 늘 함께 다녀왔다. 긴 비행시간이 힘들고 고달프다는 말을 하면서도 자주 뭉치고 떠난다.

스페인과 북유럽을 마지막 여행이라고 함께 갔는데 가족여행이라 집집마다 지원해 주는 아이들 보기가 민망하다.

쩌렁쩌렁 아버님의 훈계를 새기면서 건강한 모습으로 자주 만날 수 있었으면 좋겠다.

이제 계묘년을 보내고 새해가 밝아온다. 한 해를 마무리 하면서 돌아보니 형제들이나 우리 가정에도 모두 별다른 일 없이 무탈하게 보냈다. 코로나19의 펜데믹에서도 잘 견뎌왔으니 감사한 일이다.

나이가 들어가면서 특별한 운동을 할 수가 없으니 매일 걷기운동을 한다. 이제는 걷고 싶은 충동이 무시로 자극하는데 걷는 일이 일상이 되었다.

기록을 보니 매일 11000보 이상 걸었다. 나 자신에게도 격려를 보낸다. 새해에도 끊임없이 걸을 수 있기를…….

우리는 울산역에서 각각 집으로 가는 열차에 오르며 한 해를 마무리한다.

강영옥 수필집

비 오는 날의 산책

초판1쇄 발행 2024년 12월 10일

지은이 강영옥
펴낸이 이길안
펴낸곳 세종출판사

주소 부산광역시 중구 흑교로 71번길 12 (보수동2가)
전화 051-463－5898, 253－2213~5
팩스 051-248－4880
전자우편 sjpl5898@daum.net
출판등록 제02-01-96

ISBN 979-11-5979-735-4 03810

정가 15,000원

본 도서는 한국예술인복지재단 창작지원금으로 제작되었습니다.